아무리 잘해줘도
당신 곁에 남지 않는다

전미경 지음

아무리 × 잘해줘도 × 당신 곁에 남지 않는다

가짜 관계에
끌려다니지 않고
내가 행복한
진짜 관계를
맺는 법

위즈덤하우스

아무리 잘해줘도
당신 곁에 남지 않는다

인간관계는 우리 삶의 끝없는 고민이자 해결 과제입니다. 저 역시 예외는 아닙니다. 다들 제가 정신과 전문의라는 이유로 인간관계 갈등 따위는 아예 없거나, 혹은 갈등이 생겨도 현명하게 해결을 잘할 것이라고 지레 짐작하는데요. 사실 저는 어린 시절부터 인간관계의 갈등으로 머리가 터져나갈 지경이었던 사람입니다.

'왜 저 사람은 저런 말과 행동을 했을까? 내가 싫어서 그런 건 아닐까?'

'나는 저 사람에게 최선을 다했는데, 왜 저 사람은 나에게 무례하게 대할까?'

'저 사람이랑 잘 지내려면 어떻게 해야 할까?'

초등학교에 입학하기 전까지 가족 외에는 아무에게도 말을 걸지 않았고, 남이 거는 질문에 겨우 "예" "아니오"로만 대답하며 심하게 수줍음을 많이 타는 아이였습니다. 불안 장애(Anxiety disorder)의 한 범주인 '선택적 함구증(Selective mutism)'이라는 병명에 해당되었지요. 게다가 혀가 짧아 말도 어눌했습니다. 지금이야 설소대 수술이라는 것이 있지만 당시 시골에 사셨던 부모님은 그런 수술이 존재한다는 것도 몰랐기 때문에 저는 그냥 혀가 짧은 상태로 어린 시절을 보낼 수밖에 없었습니다. 어린 나이에도 스스로의 발음이 부정확하다는 것을 알아서, 말수를 줄일 수 있으면 최선을 다해 줄이면서 나름의 대응을 했습니다. 날이 갈수록 점점 더 남들과 대화를 하지 않고 나만의 세계로 빠져들었습니다. 어린 저에게는 영화 <인사이드 아웃>의 '빙봉'처럼 상상 친구도 있었지요. 아무에게도 빙봉의 존재를 말한 적은 없지만요.

내향성이 강하고 불안도가 높은 성격은 학창 시절 내내 스스로를 힘들게 했습니다. 사람들과 만나고 사귀고 그 관계를 유지하는 것이 남들보다 곱절은 힘들었어요. 내향적인 성격을 바꾸기 위해 모임도 열심히 찾아 다녔습니다. 또한 남들에게 잘 보이기 위해 나를 감추고 상대방의 눈치를 살피며 상황에 맞을 거라 예상되는 적절한 리액션을 했습니다. 착한 척을 하며 과한 오지랖을 떠는 일도 흔했지요. 심지어 사람들과 갈등이 생길 경우속으로는 괜찮지 않으면서도 겉으로는 쿨한 척 했습니다. 그러면서 제 머릿속은 인간관계에 대한 고민 때문에 터져나갈 지경에 이르렀습니다.

그러나 이상하게도 타인과 잘 지내려는 노력을 억지로 하면 할수록, 인간관계는 더욱 나빠졌습니다. 인간관계의 고민은 하면 할수록 더 깊어졌고 해결되지 않은 채 도돌이표처럼 같은 고민을 돌고 돌았습니다. 도대체 어디서부터 잘못된 것인지 알 수가 없었습니다. 결론은 '나는 인간관계 능력이 떨어지는 사람이구나' 혹은 '나는 매력이 없는 비호감이구나'로 귀결이 되었습니다. 인간관계는 무조건 어렵고 힘든 것이라는 나만의 굳건한 세계관이 생기게 되었지요.

책 속에 등장하는 이야기들은 모두 저를 찾아오는 외래 환자분들의 사례를 토대로 재구성한 것이지만, 엄밀히 말씀드리면 저의 이야기이도 합니다. 환자들이 털어놓는 이야기 속에 저의 과거 모습을 보고는 합니다. 어린 시절의 저는 혼자가 되어 외로워질까 봐 안간힘을 썼던 겁니다. 또한 남들에게 사랑받기 위해 발악을 했던 겁니다. 내담자분들과 저의 공통점은 사람과의 관계에서 감정 노동을 해왔고, 그런 사실을 깨닫지 못했다는 것이지요. 감정 노동은 서비스업 관계자들이 고객의 마음을 얻기 위해 겉과 속이 다른 말과 행동을 하는 것을 말합니다. 저는 사람들과의 관계에서 감정 노동을 하면서 '왜 나는 남들처럼 바람직하고 성숙한 인간관계를 맺지 못할까?' 하는 고민을 했습니다. 타인과 감정 노동을 하면서 쌓은 관계는 바닷가 모래성 위에 쌓은 성처럼 얄팍한 가짜 관계라는 것을 몰랐던 겁니다.

나이를 먹으며 이런 사실을 깨닫고 조금씩 남들 앞에서 가면을 벗기 시작했습니다. 친한 친구에게 서운한 일이 있으면 서운하다고 솔직하게 말했고요. 어려운 부탁은 거절도 하기 시작했습니다. 정말 무례하고 예의 없는 사람과는 거리를 두기도 했지요. 과거의 저로서는 상상할 수도 없었던 일입니다. 형식적이고 의미 없는 가짜 관계를 하나씩 정리해가면서 타인과의 관계에서 해오던 감정 노동을 줄이기 시작한 겁니다. 그랬더니 놀라운 일이 벌어졌습니다.

첫 번째로 불필요한 관계를 끊어내도 지구는 망하지 않고 세상은 잘 굴러간다는 사실을 알게 된 것입니다. 사람들과의 관계가 틀어지면 인생이 잘못될 줄 알았으나, 절대 내 인생은 흔들리지 않는다는 큰 깨달음을 얻은 거지요. 오히려 타인과의 관계에 쓰던 과한 에너지가 나 자신의 성장과 발전에 더 의미 있게 쓰일 수 있다는 것도 알게 되었습니다.

두 번째로 깨달은 사실은 가짜 관계는 자연스럽게 정리되었고 진짜 관계만 남았다는 점입니다. 이 사실은 여전히 신기하고 경이롭습니다. 인간관계는 무조건 어렵고 힘든 것이라는 세계관에서 '진짜 관계는 나의 삶을 풍요롭고 행복하게 해준다'는 경지에 도달했기 때문입니다.

세 번째는 나 자신이 점점 나다워지게 되었다는 점입니다. 타인에 대한 감정 노동을 더 이상 하지 않으면, 내가 어떤 사람과 결이 맞고 어떤 사람을 좋아하는지 더 잘 알게 됩니다. 그 과정에서 타인에 대한 이해를 넘어 나 자신에 대한 이해와 성찰까지 할 수 있게 되지요. 이런 경험이 쌓이면서 나의 머릿속을 맴돌던 도돌이표 같은 인간관계 고민들이 자연스럽게 줄어들었습니다.

저는 이제 더 이상 어릴 때처럼 '저 사람은 왜 저럴까?'라는 질문을 하지 않습니다. 나와 다른 사람이라는 것을 깔끔히 인정하고 받아들이기 때문입니다. 타인을 바꾸려고도 하지 않으며 동시에 나를 타인에게 맞추려고 하지도 않게 됩니다. 나와 타인과 세상에 대한 깊은 통찰이 생기기 때문이지요. 이렇듯 더 이상 가짜 관계에 지배당하지 않고, 의미 있고 가치 있는 진짜 관계를 맺는다는 것은 한 사람의 인생을 크게 바꾸어놓습니다.

몇 년 전, 사랑하는 가족의 죽음을 지켜본 적이 있습니다. 아버지의 임종을 지키기 위해 오밤중, 혹은 새벽에 몇 번을 병원으로 뛰어갔습니다. 그러나 그때마다 아버지는 다시 회생하셨기에, 저는 가슴을 쓸어내리며 집에 돌아오기를 여러 번 반복했습니다. 그런 노력이 허탈하게도 아버지의 마지막 소식은 사망하셨다는 통보 전화였고 가족들 중 그 누구도 임종을 지키지 못했습니다. 다른 자식들이 타 지역에서 오기까지 사망 선고를 미루어 달라는 저의 요청을 주치의 선생님은 기꺼이 허락해주셨지요. 인공 호흡기가 부여해준 강제 공기를 폐로 들이마시며 가슴이 오르락내리락 하는 아버지는 마치 살아있는 것처럼 보였습니다. 그러나 30여 분이 지나자 팔다리의 괴사가 시작되어 보랏빛으로 변하기 시작했습니다. 저는 속으로 슬픔을 삭이면서 차가운 시신으로 변해가는 아버지의 죽음의 과정을 지켜보았습니다.

한 달 후에는 어머니가 돌아가셨습니다. 그때는 어떻게든 어머니의 임종을 지키겠다는 자식들의 열의가 대단했지요. 곧 임종하실 것 같다는 병원 전화에 뛰어온 자식들은 40여 시간을 병원 바깥에 나가지 않고 모든 것을 병원 안에서 해결했습니다. 그래서 어머니의 마지막 순간에 함께 있을 수 있었지요. 모니터의 불규칙한 심장박동이 곧 직선으로 바뀌자, 우리 가족은 모두 오열을 했습니다.

그때 들은 생각은 '죽음의 마지막 순간은 미지의 길을 혼자서 걸어가는 것이구나'라는 깨달음이었습니다. 임종을 지키는 문제는 남은 가족들에게 의미 있는 일이지, 사실 죽음을 목전에 앞둔 당사자와는 별로 상관은 없습니다. 저는 아버지와 어머니의 마지막을 통해 인생은 누구에게나 공평하게 주어진 죽음을 향해 가는 과정이며 그 과정은 혼자서 가야 하는 길이라는 것을 가슴 깊이 느꼈습니다. 또 마음 한편에 든 생각은 부모님과 많은 시간을 보내지 못한 죄송함과 후회였습니다. 바쁘다는 핑계로 부모님과의 시간을 뒷전으로 미루었었지요.

저는 아버지와 어머니가 돌아가신 후, 인간관계의 선택과 집중을 더 신경 쓰게 되었습니다. 가짜 관계는 끊어내고 진짜 관계만 남기려고 노력했지요. 여기서 말하는 진짜 관계는 서로가 가면을 쓰지 않으며 감정 노동을 요구하지 않는 관계입니다. 함께하는 시간이 의미 있고 풍요로운 관계, 만남 그 자체만으로 행복한 관계이지요. 좋은 사람들과 행복한 시간을 보내기에도 우리에게는 시간이 부족합니다.

얼마 전 외래에 오신 분이 하신 말씀이 생각납니다. 주변에 있는 인간관계를 살펴보면, 본인이 삭은 나뭇가지를 붙들고 있는 것 같다고 말씀하셨지요. 그러나 그 삭은 나뭇가지라도 붙잡고 있어야만 안심이 된다고 덧붙였습니다. 아무 나뭇가지도 붙잡지 않고 산다는 것은 상상이 되지 않는다면서요. 하지만 저는 이런 분들께 삭은 나뭇가지를 붙잡은 손을 내려놓아야만 제대로 된 성한 나뭇가지를 붙잡을 수 있다고 강하게 말씀드리고 싶습니다. 가짜 관계를 과감히 끊어내야만 진심으로 가득한 진짜 관계를 받아들일 수 있다고요. 물론 혼자 있는 시간도 잘 보낼 수 있어야 합니다. 제대로 된 진짜 관계가 없을 때는 아무것도 붙잡지 않고 혼자 버틸 수 있는 힘도 필요하지요. 우리가 잊지 말아야 할 사실은 삭은 나뭇가지를 붙잡기를 고집하면, 절대 제대로 된 나뭇가지에 내어줄 손이 없다는 것입니다.

'우리의 모든 불행은 혼자 있을 수 없는 데서 생긴다'라고 말한 쇼펜하우어(Arthur Schopenhauer)의 조언은 의미심장합니다. 그는 고독을 견딜 수 없는 사람만이 타인과의 관계를 갈구한다고 말합니다. 내면이 공허와 권태로 차 있는 사람, 예술을 향유하고 지적인 사유를 통해 자신만의 세계를 만들지 못하는 사람이 타인의 온기를 찾아 헤맨다는 뜻이지요. 생각해보면 인간이 어느 무리에 잡음 없이 속한다는 건, 나의 모습을 감추고 타인과 적절한 타협을 했을 때 가능합니다. 그 과정에서 진정한 나는 없어지고, 꾸며진 나와 타인과의 관계만 남게 됩니다.
　이렇게도 인간관계에 회의적인 쇼펜하우어지만, 그는 동시에 '진짜 관계의 중요성'을 역설합니다.

‘세상의 우정은 참된 우정과 그릇된 우정으로 나눌 수 있다. 그릇된 우정의 목표는 쾌락이다. 참된 우정의 목표는 인생의 풍부한 결실, 즉 성공을 기약하는 우정이다. 인격을 갖춘 친구가 주는 선의의 비판은 우리를 선한 길로 이끈다.’

　쇼펜하우어가 말하는 ‘그릇된 우정’이란 가짜 관계이고, 참된 우정이란 진짜 관계이겠지요. 많은 현대인들은 가면을 쓰고 가짜 관계를 유지하느라 바쁩니다. 인간관계에 어떤 문제가 있는지도 모른 채 무조건 관계를 맺으며 살아갑니다. 젊은 시절의 저 또한 그랬습니다. 가짜 관계는 날 힘들게 하고 지치게 합니다.

　그러나 우리는 변할 수 있습니다. 남을 내 입맛에 맞게 바꾸려고 노력할 시간에 자기 자신을 바꾸세요. 남은 절대 내 뜻대로 바뀌지 않습니다. 그러므로 내 마음을 몰라주는 타인에게 애정을 표현하고 갈구해보았자, 그는 내 진심처럼 나를 대해주지 않습니다. 엉뚱한 관계에 애를 쓸수록 나만 망가질 뿐이지요. 기억하세요. 가짜 관계에 아무리 잘해줘도, 당신 곁에는 아무도 남지 않습니다.

　인간관계, 참 어렵고 복잡하지요? 부디 이 책이 인간관계 때문에 힘들어하는 분들에게 작은 불빛이 되기를 바랍니다. 모든 독자분들이 인간관계의 두려움을 극복하는 것을 넘어, 의미 있

고 가치 있는 진짜 관계를 맺기를 응원합니다. 당신의 진짜 관계
는 혼자 설 수 있는 성숙한 삶, 풍요롭고 행복한 삶으로 이끌어줄
것이라고 확신합니다.

2024년 봄

전미경

인간관계에서 계속
똑같은 문제를 반복하는 이유

4부 [이해와 포용]

타인의 세계를 인정하고 함께 성장하는 법

5부 [자기주도적 관계]

진짜 인연을 만드는 관계 맺기의 지혜

1부

×

[문제 인식]

인간관계에서 계속
똑같은 문제를 반복하는 이유

진짜 관계에서
가장 많이 쓰는 단어

진실된 관계, 진짜 관계를 맺고 있는 사람들이 가장 많이 쓰는 단어는 과연 무엇일까요? '공감' '소통' '경청' '이해' '용서' 다 좋은 말입니다. 그러나 의외로 진짜 관계의 사람들은 막상 이런 형이상학적이고 긍정적인 의미의 단어들을 많이 쓰지 않습니다. 이런 단어를 많이 쓰는 사람들은 주로 가짜 관계의 사람들입니다.

　예를 들어, 서로간의 의사소통에 문제가 있다고 생각하는 연인들, 도저히 둘만의 힘으로는 갈등이 해결되지 않아 상담소를 들락거리는 부부들, 자식의 삶에 과하게 간섭하는 부모에게 상처를 받은 자녀들, 상하 관계 혹은 동료 사이로 만난 사람 때문에 괴로워하는 직장인들이 많이 언급하고 고민하는 단어와 주제들이지요.

'경청' '이해' '공감'이라는 단어를 쓰면 좋은 관계일까?

20대 중반인 K 씨는 오늘도 연인과 다퉜습니다. 그녀는 남자 친구의 말과 행동을 도무지 이해할 수 없습니다. K 씨의 남자 친구는 그녀가 하는 말을 건성으로 흘려듣는 경향이 있습니다. 분명히 얘기를 해주었는데도 기억하지 못하는 것이지요. 예를 들어, 다음 달에 회사 프로젝트 때문에 야근이 많아질 것 같다거나, 친한 친구 결혼식에서 부케를 받기로 했다는 이야기를 해도 기억하지 못하는 경우가 많아 K 씨는 서운하기만 합니다. K 씨는 남자 친구의 이런 태도에 대해 섭섭하다고 여러 번 이야기했으나 남자 친구는 고치려는 생각이 없어 보입니다.

또한 K 씨는 남자 친구가 소위 '여사친'과 단둘이 만나는 등 친밀하게 지내는 것도 싫습니다. 남자 친구에게 여사친을 만날 때 같이 만나자고도 해보고, 여사친과 약속하기 전에 자신에게 미리 말해달라고 부탁도 해봤지만 남자 친구는 이를 번번이 무시합니다. 사람을 만날 때 어떻게 일일이 보고하고 허락받느냐면서요.

사귄 지 2년이 넘었지만 K 씨와 남자 친구는 여전히 같은 문제로 인해 자주 싸우고 있습니다. 서로 상대방이 자신을 '이해'해주지 않는다며 비난합니다. 친구를 내 마음대로 만날 수도 없냐? 너는 왜 여사친 만나는 것을 불편해하는 나의 마음에 공감해주지 않느냐? 경청과 이해, 공감과 소통 등 형이상학적 주제로 싸움이 시작되고 거기에 '서운하다' '나를 더 이상 사랑하지 않는 것 같다' '이럴 거면 헤어지자'는 등 서로간의 관계에 대한 실존적 고민까지 더해집니다.

30대 초반 G 씨는 남자 친구와 연애를 한 지 올해로 3년이 되었습니다. 남자 친구는 자연스럽게 결혼하자며 프러포즈를 했고, 양가 어른들에게 인사를 드리면서 결혼은 급물살을 타게 되었습니다. 식장을 잡고, 상견례 장소를 예약했으며, 신혼여행 장소와 살 집 등 여러 선택지를 놓고 머리를 맞대고 의논하는 상황입니다. G 씨와 남자 친구 또한 여느 연인들처럼 때로는 싸우기도 하고 갈등도 있었습니다. 그러나 갈등을 현명하게 풀어 나가면서 자연스럽게 서로를 평생을 함께할 배우자로 결정하게 되었습니다.

G 씨의 경우, 싸움의 양상이 K 씨와 좀 달랐습니다. 명확한 일이나 상황이 되는 원인이 있었고, 그에 대한 솔직한 대화가 있었습니다. 그리고 앞으로 이런 일이 생기지 않으려면 어떻게 해야 하나 조율하고 서로 이를 성실하게 지켰습니다. 예를 들어, G

씨의 남자 친구는 워커홀릭이라 일하다 보면 G 씨와의 연락을 소홀히 하는 경향이 있습니다. G 씨는 이에 대한 서운함을 토로하였고, 남자 친구는 일 때문에 바쁠지라도 적어도 자정 전에는 전화하겠다고 약속했습니다. G 씨의 싸움에는 일과 상황과 맥락이 있습니다. 서로간의 조율이 있고 해결책이 있습니다. '이해할 수 없다' '섭섭하다' '이럴 거면 헤어지자' 같은 말들을 하지 않고요. 이해, 공감, 경청, 용서 같은 형이상학적 단어도 오가지 않습니다.

50대 중반 H 씨와 남편이 나누는 대화에는 오로지 일과 상황에 관한 내용만 있습니다. 양가 어른들 생신 때는 저녁 식사를 어떻게 준비할지, 그들의 자녀가 처한 상황이 어떻다든지, 현재 아파트 대출이 얼마 정도 남아 있다든지 등등 일에 대한 이야기만 나눕니다. H 씨는 남편에 대한 공감, 이해, 경청, 소통 같은 문제로 고민하지 않습니다. 결혼하고 나서 남편과 많은 갈등을 겪고 마음고생도 심했지만 남편은 절대 바뀌지 않을 거라는 사실을 결혼 생활 20년 만에야 드디어 깨달은 겁니다. 남편과의 관계에서 H 씨가 세운 목표는 갈등을 일으키지 않고 집안에서 큰 소리가 나지 않게 하는 것입니다. 남편의 의견이 집안을 망치는 결정이 아닌 한 반대하지 않고 그냥 맞추고 살고 있지요. H 씨는 남편과 가치관이나 성격, 그 어떤 것 하나 맞는 것이 없어 남편과 대화를 하는 상황이 피곤하기만 합니다.

'우리(we)'라는 대명사의 힘

얼핏 보면 G 씨와 H 씨는 비슷해 보이나, 사실 두 사람에게는 큰 차이점이 있습니다. H 씨와 달리 G 씨에게는 툭하면 입에 달고 사는 단어가 있습니다. 바로 '우리'라는 단어입니다.

"우리 이번 주말에 영화 보러 갈까?"

"우리 젊을 때는 아파트에 살지만 나중에 나이 들어서는 예쁜 전원주택에서 살까?"

이렇게 구체적으로 두 사람의 현재에 대해 많이 이야기하지만 미래의 모습도 서로를 염두에 두고 생각합니다. 결혼 후 외국으로 2년 정도 연수를 갈 수 있는 G 씨의 스케줄에 맞춰 G 씨의 남자 친구 또한 MBA를 준비 중입니다. 반대로 H 씨는 남편과 자신을 한데 묶은 '우리'라는 단어를 거의 사용하지 않습니다.

너와 나 사이에서 진정한 관계를 형성한 사람들은 서로를 한 단위로 지칭하는 '우리(we)'라는 대명사를 많이 사용합니다. '우리'라는 관계의 사람들은 과거에 했던 일들, 현재 하고 있는 일들, 미래에 함께할 일들에 대한 대화를 많이 합니다. 그 안에 서로에 대한 고마움이 기본적으로 들어갑니다. 또한 서로의 미래를 생각할 때 긍정적인 미래가 저절로 그려집니다.

K 씨, G 씨, H 씨처럼 연인이나 부부 관계뿐만 아니라 부모 자식이나 친구 관계에 대입해도 마찬가지입니다. 진정한 연결이 이뤄진 부모 자식 사이의 대화 또한 '우리'를 기반으로 함께했던 일이나 현재 하고 있는 일, 미래에 해야 할 일을 많이 추억하고 얘기합니다. 어릴 적에 부모님과 놀이동산에 갔던 기억, 드디어 내 집을 마련해서 다 같이 근사한 곳에서 외식하던 기억, 내가 사랑하는 사람이 힘들 때 종교가 없음에도 세상 어디엔가 있을 절대자에게 온 마음으로 빌어보았던 기도 등…. 바로 이런 것들이 진짜 관계에 있는 사람들이 주로 하는 말이고 주제입니다.

단절된 관계일수록 '나는(I)'라고 말한다

반대로 인생이 행복하지 않은 사람들은 '나(I)'라는 대명사를 많이 사용합니다. 또한 자존감이 떨어지는 사람들은 과거의 '나'에 대해 부정적인 형용사를 많이 씁니다. 예전에 왕따를 당했던 잘난 것 없고 내세울 것 없는 나, 과거에 잘못된 선택을 했던 어리석었던 나에 초점이 맞추어져 삽니다. 자살한 시인들이 '우리'라는 대명사 대신에 '나'라는 대명사를 사용한 시들을 많이 발표하는 것도 이런 맥락에서 이해할 수 있습니다. 자살에 대한 결심이 강해질수록 대인관계의 단절을 암시하는 시들을 많이 쓴 것이지요.

한편으로는, 세상에 떠도는 많은 형이상학적인 주제들이 가짜 관계를 권장하고 있는 것 같다는 생각도 듭니다. 인간관계는 이해하고 소통하고 노력해야 하는 것이라고, 명목상의 가짜 관계라도 유지해야 한다면서요. 그래서 아직 본 게임에 들어가지도 않았는데 초반 워밍업에 힘과 에너지를 쏟게 만듭니다. 가짜 관계에 골몰하는 사람들은 워밍업하느라 막상 본 게임은 시작하지도 못합니다. 가스라이팅을 일삼는 부모와의 관계를 유지하기 위해 힘을 쏟거나, 바람을 피운 배우자를 용서해야 할지 혹은 이혼해야 할지와 같은 미련하고 부질 없는 주제에 인생을 저당 잡히는 것처럼요.

진짜 관계는 노력하지 않는다

그런데 주변을 가만히 살펴보세요. 진짜 관계에 있는 사람들은 인간관계에 별다른 노력을 기울이지 않습니다. 좋은 친구와는 그냥 만나서 재미있게 놉니다. 한 해 한 해 세월이 갈수록 와인이 숙성하듯 관계가 숙성합니다. 서로 사랑하는 연인도 마찬가지입니다. 서로 싸우면서 애정을 확인받으려고 애쓰는 것보다는 너와 내가 만들어가는 현재 관계와 앞으로 만들어갈 관계에 대한 청사진을 그려보고 노력하고 성취하기 바쁩니다. 올바른 부모 자식 관계와 친구 관계도 마찬가지입니다. 우리가 만난 것에 서로 감사하며 과거의 행복했던 추억들을 회상합니다.

타인과 의미 있는 진짜 관계를 맺어본 경험이 없는 사람들은 세상 모든 사람들이 맺고 있는 관계가 자신이 맺고 있는 가짜 관계 같을 거라고 생각합니다. 그러면서 가짜 관계에 자신의 온 에너지를 쏟으며 삽니다. 이상하게도 진짜 관계에 쏟는 에너지는 삶의 기쁨이 되고 활력이 되고 미래의 행복으로 보상받습니다. 관계뿐만 아니고 일도 그렇죠. 유기견을 임시보호한다든가 아마추어 수영 대회에 나가기 위해 연습하면서 힘이 들어도 마음은 뿌듯합니다. 일에 있어서 원하는 결과를 얻기 위해 끊임없이 노력하면 스스로 성취감도 느끼고 자존감도 높아지지요. 삶의 의미와 보람이 솟아납니다.

그러나 가짜 관계에 쏟는 에너지는 나를 소진시키고 무기력하게 만들며 미래의 긍정적인 면을 떠오르지 못하게 합니다. 저 사람은 도대체 왜 저런 행동을 했을까 곱씹고 곱씹으면서 다른 일에 써야 할 에너지까지 다 소진시켜 버립니다.

　내가 맺고 있는 인간관계를 살펴봅시다. 나는 타인과 진짜 관계를 맺으며 삶에서 긍정적인 에너지를 얻고 있나요? 아니면 가짜 관계를 맺으며 불필요한 곳에 나의 에너지를 낭비하고 있나요?

가짜 관계에 빠져 있는지 알 수 있는 방법

───────────

쉽게 알 수 있는 방법을 알려드리겠습니다. 첫 번째, 나라는 인간을 이루고 있는 주된 콘텐츠를 살펴보는 겁니다. 혹시 자주 읽는 책이 인간관계의 갈등에 관한 책인가요? 유튜브에서 '나르시시스트 알아보기' '가스라이팅에서 벗어나는 법' '나를 힘들게 하는 사람에게 대처하는 법' 같은 주제를 자주 검색하는지 생각해봅시다. 그렇다면 당신은 가짜 관계를 맺고 있을 가능성이 높습니다. '인간관계에 대한 부정적인 내용들'이 나의 콘텐츠의 대부분을 차지하고 있는 상황이지요.

　반대로 진짜 관계를 주로 맺고 있는 사람들의 콘텐츠는 다양하고 무궁무진합니다. 본인의 취미 활동, 아이돌 덕질, 직업적 역량 향상을 위한 실용적인 내용들, 사회 이슈 등등입니다. 사람과 상황에 따라 다르지만 확실한 것은 '인간관계에 대한 부정적인' 콘텐츠가 나의 삶을 갉아먹게 놔두지 않는다는 점이지요.

두 번째, 나는 '지금, 여기'를 살고 있는 사람인지 스스로에게 물어봅시다. 가짜 관계를 맺고 있는 사람들은 '그때, 거기'를 살고 있습니다. 친구와 대화를 하는 상황에서도 오늘 아침에 엄마에게 정당한 말대꾸를 하다 혼난 것이 억울해서 계속 그 당시 상황을 곱씹기도 합니다. 지금 순간에 집중하지 못하는 것이지요. 회사에서 동료들과 웃고 떠드는 상황에서도, 또 업무를 보는 상황에서도 계속 '아, 아까 그 사람한테 내가 너무 쌀쌀맞게 대했나?' '왜 그 사람은 나한테 그렇게 말했을까?' '그 사람이 날 싫어하면 어떡하지?' 등등 과거 사건과 벌어지지도 않은 일 때문에 현재의 삶을 살지 못하곤 합니다.

진짜 관계를 맺는 사람들은 '지금, 여기'를 삽니다. 큰 맘 먹고 산 원두의 향과 맛을 실시간으로 느낍니다. 동료들과의 즐거운 수다, 내가 하는 일에 깊이 집중하고요. 새벽까지 만든 회의 자료를 성공적으로 제출한 후 저녁에는 가족, 친구, 연인과 함께 맥주 한 잔을 즐길 줄도 압니다. 이들은 지금 자신들이 두 발을 딛고 있는 '현생'을 살고 있는 것이지요. 이미 지나버린 과거와 다가오지도 않은 미래에 매달리지 않습니다.

가짜 관계는 이상하게도 나를 자동적으로 끌어당기고 나의 머릿속을 점령해서 내 삶을 건강하게 살지 못하게 합니다. 그래서 타인과의 갈등 해소에 나의 의도적인 노력을 과하게 쏟게 합니다. 다른 곳에 쓸 에너지까지 다 잡아먹지요. 가짜 관계의 더 큰 문제는 에너지를 쓰고 노력한다고 해서 제대로 아웃풋이 나오지 않는다는 것입니다. 그래서 나의 삶이 지치고 무력해지는 번아웃의 큰 한 축을 담당하고 있습니다. 그래서 우리는 가짜 관계를 벗어나 진짜 관계로 반드시 나아가야 합니다.

인간관계의 상처는
완전히 극복할 수 없다

우리는 무언가를 반복해서 경험하면서 인생의 연륜을 쌓게 됩니다. 연륜을 쌓는다는 것은 내가 그 분야에서 유능해진다는 의미이지요. 군대에 갓 입대한 이병과 어느 정도 시일이 지나 상병이 된 사람의 역량 차이는 속된 말로 '짬밥'에서 나오는 것처럼요. 도배공이나 타일공은 한 해 한 해 지날수록 역량이 뛰어난 전문가가 됩니다. 기업들은 해당 분야 경력직을 채용하면서 그들이 그동안 쌓아온 노하우를 높이 평가합니다. 의사들 또한 다양한 환자들을 경험하면서 경력을 쌓습니다. 연차가 올라갈수록 환자를 보는 역량이 커지는 것이지요. 전문의가 되면 누군가의 지도 편달 없이 환자를 스스로 볼 수 있는 자격을 얻게 됩니다.

관계의 회복탄력성은 존재하지 않는다

경험에 학습의 힘이 더해지면 일취월장으로 '맷집'도 커집니다. 맷집은 맞고 또 맞더라도 굴하지 않고 오뚝이처럼 계속 일어나는 회복 탄력성을 뜻합니다. 포기하지 않고 역경을 헤쳐 나갈 수 있는 근성이 바로 이 맷집이지요. 전문가가 된다는 건 맷집이 남들보다 커진다는 것입니다. 경험과 학습과 노력과 성찰이 한데 어우러지면서 소위 말하는 맷집이 커집니다.

맷집이 쌓인 전문가 집단의 특징은 뭔가를 잘하는 능력만이 아닙니다. 이들은 뭔가 잘못되었을 때 이를 바로잡는 능력도 있습니다. 맷집이 어중간하게 쌓인 어설픈 전문가들은 문제 상황을 남들보다 민감하게 알아차리지만 무엇이 문제인지 정확하게 변별하지 못합니다. 1960년대 정신과 의사 조셉 나터슨(Joseph Natterson)은 이를 '의대생 증후군(Medical Student Syndrome)'이라 명명했습니다. 의학적 지식이 부족한 의대생들은 피곤해서 눈썹이 실룩이면 루게릭 병이 아닌가 의심하고 손가락이 뻣뻣하면 류머티즘을 의심한다는 거지요.

세상 모든 일은 경험을 통해 한 해 한 해 쌓이다 보면 어떤 방식으로든 맷집이 강해져 전문가가 될 수 있는데, 단 한 분야에서만큼은 그러기 어렵습니다. 바로 사람과 사람이 만나 인간관계에 상처가 생기는 경우입니다.

학교에서 왕따를 당하거나 직장에서 괴롭히는 상사를 만났다고 생각해봅시다. 중학교에서 왕따를 당한 경험이 이어져 고등학교에서도 왕따를 당한다고 해서 소위 관계의 노련함이 생기고 맷집이 발달해 덜 힘든 것은 아닙니다. 오히려 중학교 때의 왕따 경험은 별것 아닌 아이들의 말 한마디 한마디가 자신을 비난하는 것처럼 들리게 만듭니다. 친구들의 무시와 거부와 괴롭힘이 계속 쌓이고 나의 상처 또한 복리이자가 붙듯 차곡차곡 적립될 뿐입니다.

A 회사에서 상사에게 몇 년간 괴롭힘을 당하다가 못 견디고 퇴사한 후 새롭게 들어간 B 회사에서 다른 상사가 나를 괴롭힐 경우 A 회사에서의 경험이 B 회사에서 맷집으로 작용하지 않습니다. 별것 아닌 상사의 정당한 꾸지람조차 나를 싫어하고 괴롭히려는 행동의 전초전이 아닐까 머리가 터지게 고민하게 됩니다. 앞서 말한 의대생 증후군처럼 인간과 인간 사이의 부정적인 신호를 민감하게 알아차리고 그 신호가 증폭되는 것이지요. 별것 아닌 복통이 췌장암의 증상처럼 느껴지고, 가끔씩 느껴지는 두통이 뇌출혈의 징조가 아닐까 지나치게 걱정되듯 말입니다.

이런 압박이 반복되면, 모든 인간관계에서 상처를 받지 않을까 전전긍긍하는 '과각성 상태(Hyperarousal)'에 놓이게 됩니다. 별다른 사건이 없는 무난하고 평탄할 때조차도 마음이 편치 않고 무슨 일이 일어날까 봐 늘 불안하지요. 또한 인간관계에서 스트레스 상황이 발생하면 정서 반응이 과해지는 '민감화 상태 (Sensitization)'가 됩니다.

인간관계가 공포인 사람들의 특징

중고등학교 때 왕따 당한 경험이 있는 20대 초반 K 씨는 대학에 들어온 뒤에도 행복하지 않습니다. 하루 종일 한 교실에서 공부하고 점심 먹고 야간자율학습까지 해야 하는 고등학교 생활을 벗어나면 인간관계 때문에 힘들던 과거를 잊고 새출발 할 수 있으리라 생각했습니다. 그런데 K 씨는 주변에서 자신에게 조금이라도 부정적인 말을 하면 견딜 수 없습니다. 내가 남들에게 조금이라도 부정적인 말을 하는 것 또한 힘듭니다. 부정적인 얘기가 오가는 것 자체가 힘들어서 회피형으로 대응하는 경우가 많습니다.

아르바이트를 그만둘 때도 사장님이 잘해준 것이 미안해서 차마 입을 떼지 못합니다. 하루라도 빨리 이야기해야 새로운 사람을 구할 수 있을 거라는 합리적 생각보다 곤란한 이야기를 꺼내야 한다는 어려움이 훨씬 더 크게 다가옵니다. 상황과 맥락을 보는 것이 아니고 본인이 듣기 싫은 소리를 듣지 않고 하지도 않는 것이 삶의 목표입니다. 그러다 보니 본인의 부정적인 생각과 마음을 표현할 줄 모르고 남들에게 얘기해도 알아듣지 못할 거라고 지레짐작합니다. 또한 남들의 마음을 불편하게 해서는 안 된다는 생각에 괜찮지 않으면서도 괜찮다는 말을 입에 달고 삽니다.

학교생활과 아르바이트 생활, 최근에 다니기 시작한 회사의 인턴 생활까지 K 씨에게는 인간관계가 너무 힘듭니다. 인간관계에서의 미묘한 변별력이 떨어져 '사람은 무조건 친구 아니면 적'이라고 생각합니다. 그러다가 예상 밖의 상황이 벌어지면 뭘 어찌 해야 할지 몰라 안절부절못합니다. 조별 과제를 할 때도 맡은 몫의 과제를 제대로 해오지 않은 과 친구에게 어떻게 얘기해야 할지 계속 고민만 합니다.

"인간관계에서 갈등을 겪을 때마다 온몸이 굳어버리는 것 같아요. 고속도로에서 차에 치이기 직전의 동물 같다고나 할까요. 이럴까 저럴까 우왕좌왕하거나 공포에 얼어붙어 못 움직이는 사슴 사이를 왔다 갔다 해요."

인간관계의 상처가 개인에게 미치는 악영향

일에 관한 경험은 사람을 해당 분야의 전문가로 만들지만, 인간관계에서 얻은 상처는 문제를 더 복잡하게 만들기만 합니다. 부정적인 참고사항만 가득 남을 뿐이지요. 실제로 K 씨는 어떤 일을 할 때 열심히 잘하는 것보다 사람들에게 욕 먹지 않는 게 목표입니다. 인턴십을 할 때도 다른 인턴 사원이 혼나는 것을 보면 '나는 저러지 말아야겠다'고 생각할 뿐입니다. 다른 사람이 욕을 먹은 상황이나 잘못된 행동만 참고사례로 쌓이는 것이지요. 잘하고 칭찬받는 행동은 기억되지 않습니다. 그러다 보면 인생 자체가 부정적이고 회피적이고 수동적인 위치에 머무르게 됩니다.

이처럼 인간관계에서 쌓인 상처는 절대 맷집으로 자리 잡지 못합니다. 왜냐하면 나의 정체성에 손상을 주기 때문입니다. K 씨의 왕따 경험은 '못난 나'라는 정체성을 K 씨에게 부여했습니다. 자신이 못나서 왕따당했다고 생각하는 것이지요. 반복된 왕따 경험은 '나는 외부 세력에 대응할 수 없는 무력한 존재'라는 개념과 '타인이 봤을 때 무가치하고 못난 존재'라는 개념을 만들어버립니다. 그 공식은 두고두고 현재의 삶까지 영향을 미치게 되지요.

K 씨처럼 학교 내 왕따 같은 타인과의 관계가 아니라 가족 내 방임이나 학대의 경우는 더 심각한 결과를 초래합니다. 부모들이 가하는 학대와 방임 속에 가끔 끼어드는 돌봄의 방식이 사람을 헷갈리게 만들기 때문이지요. 왕따의 인간관계는 채찍만 있는 반면 가족 내 인간관계는 채찍과 당근이 왔다 갔다 합니다. 어떤 때는 부모의 애정과 보호를 받다가, 어떤 때는 폭력과 처벌이 가해지는 상황이 반복되는 것이지요. 남편이 아내를 때린 후 다음 날 꽃다발과 선물 세례를 할 때처럼요. 내가 생존을 의탁해야 하고 내가 가장 사랑하는 나의 가족이 가해자이니 머리가 복잡할 수밖에 없습니다.

이렇게 사람을 헷갈리게 하는 관계 속에 있으면 스스로에 대한 '자기 개념(Self concept)' 자체가 흔들립니다. 내 안에 여러 개의 상반된 자아가 존재해 내가 누구인지 잘 모르겠는 상태가 되지요. 나라는 존재에 대한 일관되고 안정된 자기 개념을 가지기 어려워집니다. 결국 부모의 반응에 따라, 타인의 오락가락하는 감정에 따라 자기 개념이 달라지는 존재가 되어버립니다. 타인의 눈치만 보는 사람으로 성장하게 되고, 더 나아가 타인과 신뢰관계를 형성할 수 있는 능력 자체가 훼손됩니다. '나는 왜 쓸데없이 이 세상에 태어났을까' '사람은 기본적으로 믿을 수 없는 악한 존재이고, 세상은 공평하지 않아'라는 의구심도 생기고요. 바로 이것이 '실존적 외상(Existential trauma)'입니다. 실존적 외상을 입은 사람은 세상에 대한 긍정적 의미를 찾지 못하고 회의적이고 비관적인 마음으로 이 세상을 살아갈 가능성이 높습니다.

가짜 관계로 배우는 것은 '자기 비하'뿐이다

잘나가는 로펌의 변호사인 40대 L 씨는 유능한 사람으로 인정받아 승승장구하고 있습니다. 그러나 본인에 관련된 사소한 질문에는 답하기 어려워합니다. 성격이 어떤지, 지금 기분이 어떤지, 부모와 갈등을 겪는 상황에서 어떤 생각이 드는지 같은 질문에는 단답형으로 대답합니다. '성격은 내성적이다' '기분은 안 좋다' '부모와의 갈등은 빨리 지나갔으면 좋겠다'는 식입니다. 스스로에 대한 일관된 자아상이 없기에 자신과 관련된 질문에 대한 답변이 빈약할 수밖에 없습니다. 자신과 관련된 콘텐츠 자체가 별로 없는 것이지요. 아동기에 학대를 받았던 경험으로 인해 어떤 일을 결정할 때 자신의 욕구와 이득을 고려하기보다는 부모의 눈치만 보는 방식에 익숙해졌기 때문입니다. 부모가 하라는 대로 사는 삶을 살았으니까요. 자신만의 정체성이 없고 부모가 강제로 주입한 정체성만이 남아 있는 것이지요.

이런 이들은 스트레스 상황에 닥쳤을 때 대처할 수 있는 자신만의 내적 기준이 없습니다. 나이 들면서 자연스레 형성되는 인생관이나 철학이 바로 서지 못합니다. 나라는 존재가 빈약해져 자율성을 갖기 힘들며, 자기 가치에 대한 긍정적이고 일관적인 자아상이 서서히 없어지는 것이지요.

L 씨는 또한 갈등을 빚는 부모님과 아내 때문에 스트레스가 심해지면 약한 '해리(Dissociation)' 증상을 보이기도 했습니다. 해리는 내가 나 자신으로부터 분리되거나 내가 현실과 분리된 듯한 느낌을 받는 것을 말합니다. 불편한 감정을 인식하는 것을 견딜 수 없어 나를 보호하기 위해 나의 의식, 기억, 정체성, 지각을 의식 밖으로 떼어놓고 왜곡시키는 상태입니다. 멍해지거나 머리와 몸이 분리된 느낌이 들고, 주위 환경에 대해 비현실감이 들고는 하지요. 또한 나 자신이 어딘가 고장 난 느낌이 들고 온라인 게임 속의 캐릭터가 된 것만 같습니다. 급한 일을 급하다고 느끼지 못하거나, 자기 자신과 시공간을 제대로 감각하는 능력이 떨어지기도 합니다.

이런 상태가 오래 지속되면 외상 경험에 대한 합리적이고 객관적인 조망이 어려워집니다. 외상 경험이 닥치면 멍하니 의식을 밖으로 내보내고 지나가기를 기다리며, 그 경험이 자신에게 영향을 끼치지 않도록 스스로를 보호하게 됩니다. 인간관계의 상처에 전문가로서 대처하지 못하고, 힘든 상황만 어설프게 알아차리는 의대생이 되는 것이지요.

그러므로 인간관계에서의 외상은 경험하지 않을수록 좋습니다. 외상을 경험할수록 외부 자극에 민감해지고, 나의 정체성이 훼손되며, 나의 유능성이 무력해집니다. 대인 관계에서 겪는 외상은 결과적으로 자신을 탓하게 만듭니다.

'내가 잘 행동했더라면 왕따당하지 않았을 거야.'

'내가 남편의 기분을 좀 더 잘 맞춰줬더라면 폭행이 안 일어났을 거야.'

'내가 착한 아이였다면 부모님이 방임하지 않았을 거야.'

이처럼 자신에게 책임을 돌리는 것은 그나마 그 상황에서 자신이 통제할 수 있는 영역이 존재한다는 것을 말해주는 최후의 방어선입니다. 그러나 자신에게 돌린 책임은 자기 비하의 비참한 정체성을 얹어주기만 합니다.

다양한 인간관계를 겪고 상처를 받아봐야 무언가를 배울 수 있다? 글쎄요. 저는 불편한 인간관계는 되도록 경험하지 않아야 한다고 생각합니다. 인간관계는 되도록 꽃길만 걸었으면 좋겠습니다. 고생해봐야 성숙해진다는 말도 잘못된 것입니다. 가시밭길과 돌길을 걸어봤자 생채기만 남고 굳은살만 박힐 뿐이지요.

인간관계로 마음고생하지 않고 좋은 사람과 의미 있고 가치 있는 관계를 맺으며 우리 삶은 충분히 성숙하고 풍요로워질 수 있습니다. 이것이 바로 트라우마로 상처 받은 자신을 치유하는 가장 좋은 방법입니다.

인간관계 트라우마를 치유하는 방법

의미 있는 타인과 긍정적인 경험을 쌓으면 쌓을수록, 내 삶의 부정적인 콘텐츠는 상대적으로 줄어듭니다. 좋은 사람과 함께 할 때 '자기 가치감(Self-worth)'과 '자기 효능감(Self-efficacy)'은 무럭무럭 자라나지요. 상대방이 '너는 존재 자체로 의미 있는 사람'이라고 피드백을 주고 나도 상대방을 위해 노력하는 경험, 내가 노력한 만큼 상대방도 합당한 응답을 해주는 경험이 더해져 나의 부정적인 자아상이 서서히 수정됩니다. 내가 부모에게 학대와 방임을 받아도 될 만큼 무가치한 존재였고 학교 폭력 가해자에게 정당한 처벌을 요구하지 못했던 무능한 존재였다는 자기 개념에서 서서히 벗어나게 됩니다. 이런 의미 있는 타인과 만들어낸 새로운 관계는 나에게 안전 기지로서 작용합니다.

내가 안전하게 쉴 수 있고 보호받을 수 있다는 느낌이 선행

되면 우리는 그 다음 단계로 나아갈 수 있습니다. 과거의 트라우마를 한 발 떨어져서 볼 수 있게 되는 단계입니다. 상처를 받은 내가 잘못된 사람이라고 여기는 주관적 현실에서 '나에게 상처를 준 그들이 잘못된 사람'이라는 객관적 현실을 가슴으로 받아들이게 되지요. 과거의 외상적 경험을 조리 있게 재구성할 수 있는 능력을 갖추게 된 것입니다.

자신의 경험을 정확하게 바라보게 되었다면, 이제 말이나 글로 과거의 상처를 서술해봅시다. 마음 상처를 언어화하여 일관되게 서술할 수 있게 되면, 자신에 대한 이해와 올바른 연민이 자라나기 때문입니다.

'나는 더 이상 무기력하지 않아. 이런 부당한 일은 당하지 않아야 하는 귀한 존재야.'

'그때는 못했지만, 지금은 나를 망치는 가짜 관계에 대처할 수 있어.'

과거의 상처를 언어로 표현해보면 그 당시에는 내가 어리고 서툴렀기에 당할 수밖에 없었다는 깨달음, 가해자인 상대방이 잘못한 것이라는 새로운 해석, 나는 잘못한 것이 없다는 인식이 생깁니다. 이것들은 현재 나를 구성하는 인지 패턴과 대처 양식을 다시 한 번 돌아보고 수정하는 기초 자료가 되지요. 실제로 '쓰기 노출 치료'가 트라우마 치료 방법으로 많은 관심을 받았고 그 효과가 증명되었습니다. 즉, 나 자신의 자전적 이야기를 울먹이지 않고 괴로워하지 않고 담담히 말할 수 있게 되었을 때, 우리는 인간관계의 트라우마를 극복할 수 있습니다.

솔직하지 못한 관계

사람 사이의 관계가 깊어지고 그 관계가 유지되는 게 어떤 것인지는 생텍쥐페리의 《어린 왕자》에 잘 나타나 있습니다. 여우는 이리 와서 같이 놀자는 어린 왕자의 요청에 "난 너랑 같이 놀 수 없어. 나는 길들지 않았거든"이라고 답합니다. 길들인다는 게 무슨 말이냐는 어린 왕자의 질문에 여우는 답합니다.

"관계를 맺는다는 뜻이야. 지금의 너는 나에게 수많은 다른 아이와 별다를 게 없는 작은 소년에 지나지 않지. 난 네가 필요하지 않고, 물론 너도 내가 필요하지 않아. 나 또한 너에게 수많은 여우 중 하나에 지나지 않을 테니까. 그러나 네가 나를 길들인다면 우리는 서로에게 필요한 존재가 될 거야. 서로가 서로에게 세상에 하나밖에 없는 존재가 될 거야."

길들인다는 것은 서로에게 의미가 부여되고, 서로를 기꺼이 책임지며, 서로의 내면을 들여다보는 관계라고 여우는 설명합니다.

불행의 시작 : 상대방이 원하는 페르소나 뒤집어쓰기

J 씨의 아버지는 가부장적이고 고집이 세고 이기적인 분이어서 J 씨는 마음의 상처가 깊었습니다. 몇 년 전 현재 직장이 적성에 안 맞아 이직을 고려했을 당시에 아버지가 농약을 먹고 죽겠다고 자살 소동을 벌였던 일은 생각만 해도 끔찍합니다. 국가의 녹을 먹는 공무원 아들이 너무나 자랑스러웠던 J 씨의 아버지는 공무원을 그만둔다는 선택을 내린 아들을 받아들이기 힘들어했습니다. 공무원 사회의 경직된 조직 문화나 업무가 자신의 적성에 잘 맞지 않는다고 판단한 데다 마침 아는 선배가 다니던 회사에 자리가 나서 후한 연봉을 받고 이직할 수 있는 좋은 기회였습니다. 그런데 J 씨의 아버지는 자식이 힘들어하는 것도, 행복해하지 않는 것도 눈에 보이지 않고 단지 다른 사람들에게 내 자식이 '어느 정부 부처 몇 급 공무원이다. 나랏일 하는 사람이다'라고 과시하는 것만이 중요했습니다. J 씨의 아버지는 평소에도 자신은 "그

누구에게도 지고는 못 사는 사람"이라는 말을 입에 달고 사는 사람이었지요.

J 씨는 아버지에게 자신의 이야기를 솔직히 해본 적이 없습니다. 어떤 사람과 친하게 지내는지, 무엇을 좋아하는지, 현재 고민이 무엇인지, 앞으로 어떤 인생을 살고 싶은지 등 전혀 얘기하지 않았습니다. 단지 아버지가 원하는 바람직한 아들을 열심히 연기할 뿐이었습니다.

진짜 관계는 있는 그대로의 모습을 인정해준다

서로가 서로에 대해 깊이 알수록 친밀감이 커지고 신뢰가 쌓입니다. 그러기 위해서 서로가 서로에게 솔직해야 하며 서로의 내면을 들여다보려는 노력을 해야 합니다. J 씨는 아버지를 길들이기를 포기했습니다. 그래서 더 이상 상대방에게 솔직하지 않으며 상대방이 원하는 적당한 페르소나를 뒤집어쓰고 삽니다. 가정의 평화를 위해서는 그게 낫다고 생각하기 때문이지요.

서로를 길들이기 위해서는 상대방의 모습을 있는 그대로 보려고 노력하는 자세가 필요합니다. 특별한 위로나 공감, 응원을 보내지 않아도 괜찮습니다. 단지 상대방의 마음을 읽어주는 것만으로도 충분합니다. '정말 힘들었구나' '정말 짜증이 났구나' '정말 기쁘겠구나' 하고 상대방의 감정과 욕구, 동기와 의도, 생각 등을 열심히 읽어봐줍니다. 심리학 용어로 이를 '정신화(Mentalizing)'라고 합니다.

그런데 이 과정은 절대 일방향으로 일어나지 않습니다. 서로간에 쌍방향으로 일어나는 과정입니다. '정신의 공명(Resonance)'이라고 보면 됩니다. 같은 주파수와 같은 진동수를 가진 두 물체가 만나 만들어내는 화음이랄까요? 동시성과 유사성이 꼭 맞아떨어질 때 일어나는 물리적 현상이지요. 그 사람과 내가 같은 자리에 있고 서로의 결이 맞았다는 느낌이 들기에 정신의 공명이라 볼 수 있습니다.

이런 사람에게는 나를 더 보여주고, 그래서 상대방은 나를 더 잘 알게 됩니다. 상대방 또한 자신을 보여주면서 두 사람의 관계는 더욱 깊어집니다. J 씨의 아버지는 전혀 상대방을 보려고 하지 않았습니다. 그래서 J 씨는 스스로의 껍질 속으로 더욱더 파고들면서 자신을 숨기려고만 했지요. 이들의 관계가 가짜 관계가 될 수밖에 없는 이유입니다.

진짜 가족은 힘든 일을 숨기지 않는다

50대 초반 H 씨는 얼마 전 회사에서 반강제적으로 명예퇴직한 남편 때문에 걱정이 많습니다. 4억 원 정도 되는 목돈을 한번에 쥐게 되었지만, 아직 미혼인 아이들과 남아 있는 아파트 대출금을 생각하면 여유가 있다고는 하기 어렵습니다. 이런 상황에서 노후 준비가 안 된 시부모님께 다달이 보내는 생활비 때문에 남편과 H 씨는 크게 다퉜습니다. H 씨는 다른 형제들과 부담을 나눠 금액을 조정하자고 말했고, 남편은 그럴 수 없다고 강경하게 버티는 입장입니다. 명예퇴직한 현 상황을 시부모님께 말씀드리자는 H 씨의 말에 남편은 부모님 걱정시켜드릴 일이 있냐며 단호하게 말을 잘랐습니다. H 씨의 제안은 부부싸움의 씨앗이 되었을 뿐, 예전과 동일하게 시부모님께 생활비를 드리는 것으로 상황이 마무리됐습니다.

　여기서 H 씨의 솔직함은 포기되었습니다. 남편에게 짜증 나는 자신의 감정을 숨겨야 하고, 시부모님이 부담스럽기만 하지만 이런 마음 또한 숨겨야 합니다. 가정의 평화를 위해서요. 이런 경우는 주변에 흔히 찾아볼 수 있습니다. 부모님을 걱정시켜드리지 않기 위해 나에게 닥친 힘든 일을 숨기는 경우는 20대도 많고 50대도 많습니다. 왕따를 당하고 극단적 선택을 하기까지 부모에게 말하지 않은 10대도 있습니다. 이것이 효도라고 생각하면서요.

그러나 저는 이 의견에 반대합니다. 저는 제 자식에게 아무리 힘든 일이 닥치더라도 알고 싶습니다. 자식 나이가 20대건 40대건 60대건 상관없이 말입니다. 내가 도와줄 수 있는 부분은 도와주고, 도울 수 없다면 마음으로나마 위로와 응원을 보내주고 싶습니다. 그게 부모 자식이고 진정한 가족 관계이지 않을까요?

자유롭고 편안한 관계는 솔직함에서 시작된다

상대방을 있는 그대로 인정하지 않고 내가 원하는 페르소나만을 상대방에게 주입시키려고 할 때 가짜 관계가 시작됩니다. 이러한 관계의 특징은 그 누구도 솔직하게 자신을 드러내지 못한다는 것입니다. 서로에게 솔직하지 않은 관계는 진짜 관계가 아닙니다. 누군가에게 순응할 수밖에 없는 관계, 누군가의 일방적인 희생과 배려로 유지되는 관계는 겉으로 보기에만 평안한 가족, 친구, 연인 등의 모양새가 유지될 뿐입니다.

인간관계에서 솔직한 건 오히려 개인에게 바람직합니다. 그런데 사회와 가족은 때로 개인에게 솔직하지 않을 것을 요구합니다. 무엇을 위해서일까요? 여태 유지해온 조직의 평화나 가족의 평화를 위해서입니다. 지금껏 유지되어온 시스템이 그대로 이어지기를 원하면서요. 저는 서로 간에 솔직한 관계를 가져야 한다고 제안합니다. 그런 면에서 요새 사회적 문제로 여러 가지 갈등이 불거지는 상황을 환영합니다. 남녀 갈등, 세대 갈등, 계층 갈등이 곳곳에서 터져 나오면서 인터넷 게시판을 달굽니다. 한국 사회가 그동안 무작정 덮어놓고 반창고로 봉해두었던, 눈 가리고 아웅했던 문제가 드디어 목소리를 내기 시작한 것이지요. 더 나은 방향으로 가기 위한 사회적 몸부림이라고 생각합니다.

J 씨와 H 씨의 경우를 볼까요. 기존 관계에 순응하면서 끌려가는 삶만 있습니다. 이런 삶을 위해서는 나의 주도성과 감정, 생각, 인간으로서 갖춰야 할 기본적인 존중은 일정 부분 포기해야 합니다. 솔직함은 분란을 일으키고 기존 시스템을 바꾸라고 요구하기 때문입니다. 나의 자유는 나의 솔직함에서 시작됩니다. 솔직함이 분란을 일으키더라도 그 분란을 이겨내야 나의 자유가 시작됩니다.

미국 코미디 드라마 〈성난 사람들〉을 예로 들어볼까요. 돈도 희망도 없는 수리공 대니는 결국 극단적인 선택을 하지만 실패로 돌아갑니다. 겉으로 보기에 자수성가한 사업가인 에이미는 사실 일에 치여 살면서 무능한 남편 때문에 고생하고 있지요. 게다가 시어머니의 간섭 때문에 스트레스가 이만저만이 아닙니다. 어느 날 차 사고가 날 뻔한 상황이 벌어지고, 사과도 안 하고 도망가는 에이미에게 화가 난 대니는 서로를 증오하면서 유치한 복수극을 펼치게 됩니다.

제가 이 드라마를 통해 말하고 싶은 것은 인간관계에서의 솔직함의 가치입니다. 대니와 에이미는 각자 자신의 가족을 위해 희생하고 살면서 가족에게, 심지어 스스로에게 솔직하지 못했습니다. 솔직하지 못한 삶은 조금씩 내면에 분노를 쌓이게 만들고 이 분노를 엉뚱한 사람에게 폭발시키게 합니다. 두 사람은 소중한 것들을 다 잃은 후에야 서로에게 민낯을 보이며 솔직해집니다. 어렸을 때 부모에게 받았던 트라우마, 현재 가족에 대한 기대와 속상함, 남들에게 차마 말하지 못했던 음침한 속내까지 다 이야기하지요. 가짜 관계 안에서 힘들고 외로웠던 속마음을 서로에게 토로한 대니와 에이미. 결국 두 사람은 서로의 내면이 연결되며 진짜 관계로 맺어집니다. 두 사람은 더 이상 외롭지 않겠지요. 이처럼 솔직함이야 말로 자유의 시작이며 더 나아가 안식과 구원까지도 얻을 수 있습니다.

불쌍하다는 느낌을 경계하라

오래된 광고가 생각납니다. '피곤한 건 간 때문'이라고 부르짖는 광고입니다. 사람이 피곤한 건 간 때문이라면 인생이 망하는 건 '정' 때문이라고 말하고 싶습니다. 이 정이라는 것은 참으로 모호하고 다양합니다. 미운 정, 고운 정이라는 말처럼 상반된 의미로 사용되기도 합니다.

정은 혈연이면서 지연이고 학연이기도 합니다. 부정과 부패를 저지르는 기득권 세력이 "우리가 남이가?" 하는 말로 서로 간의 결착을 정이라는 명목하에 정당화하는 병폐 또한 있습니다. 굳이 영어로 옮긴다면 '어태치먼트(Attachment, 애착)' '인티머시(Intimacy, 친밀감)' '하트(Heart, 마음)' 등등으로 번역됩니다. 분명한 건 정의 주요 콘셉트가 측은지심(惻隱之心)이라는 겁니다. 맹

53

자는 '사람은 모두 남에게 해로운 일을 차마 하지 못하는 마음을 가지고 있으니, 측은해하는 마음이 없으면 사람이 아니다(人皆有不忍人之心 無惻隱之心 非人也)'라고 말했습니다. 정말 좋은 이야기이지만, 누군가를 불쌍히 여기는 마음이 내 인생을 힘들게 만드는 경우가 종종 있습니다.

정 때문에 인생을 망치는 사람들

50대 W 씨는 최근 남편이 대장암 진단을 받아 걱정이 큽니다. 아이들은 다 커서 독립한 상태로, 현재 두 부부만 살고 있습니다. 젊은 시절, W 씨는 남편 때문에 정말 힘들었습니다. 남편이 생활비를 주지 않아 W 씨는 온갖 궂은일을 해서 가족의 생계를 책임져왔고요. 남편은 술을 마시면 행패 부리고 때리는 일도 잦았습니다. 바람을 피워서 상간녀와 살림을 차린 전적도 있습니다. 성인이 된 아이들이 먼저 나서서 엄마의 이혼을 독려할 정도였습니다. W 씨 역시 남편과의 이혼을 생각했으나, 남편이 동의하지 않아 지금의 나이까지 온 상황입니다.

대장암 진단을 받은 후 남편은 이빨 빠진 호랑이가 되었습니다. 툭하면 성질을 부리던 버릇도 없어지고 지금은 번 돈 중에

100만 원 정도를 생활비로 내놓습니다. 병원에 갈 때면 W 씨와 꼭 같이 가기를 원하며, 예전과 달리 처가 일에도 적극적입니다. 하지만 W 씨는 이렇게 변한 남편이 달갑지 않습니다. 그러나 대장암 진단을 받은 배우자와 모질게 헤어지는 것은 인간의 도리를 저버리는 것 같아 최근에 이혼 생각은 접었습니다.

자식들은 아버지에 대한 정이 별로 없습니다. 아버지가 대장암 진단을 받았어도 별로 슬퍼하지 않습니다. 큰딸은 아버지가 집에 돌아온 뒤 절연한 상태로 지내고 있습니다. W 씨와도 밖에서 따로 만날 뿐, 아버지와는 얼굴도 보지 않는 상태입니다. W 씨가 남편을 거두고 암 투병을 돕는 이유는 하나입니다. 인간적으로 불쌍해서 버릴 수 없다는 것이 W 씨가 남편과 이혼하지 못하는 이유입니다.

여기서 갸우뚱해집니다. W 씨의 남편은 불쌍한 사람이 아닙니다. 젊어서는 번 돈을 흥청망청 쓰면서 술과 유흥을 즐겼습니다. 아내와 자식들은 나 몰라라 한 이기적인 사람입니다. 그도 모자라 부인에게 손찌검까지 했던 나쁜 남편입니다. 바람을 피워서 W 씨의 속을 썩이기도 했습니다. 남편으로도 아버지로서도 빵점짜리였으며, 인간적으로도 형편없는 사람이었습니다. 자녀들은 어린 시절부터 이런 아빠를 창피해했으며 애착 또한 없지요. 대장암 진단을 받은 이후로도 아빠를 안쓰럽게 생각하지 않습니다. 단지 간호를 해야 하는 엄마가 때로는 짠하고 때로는 짜증 날 뿐입니다. 지금이라도 이혼해서 엄마가 엄마의 인생을 살았으면 좋겠다고 생각합니다. 주변 사람들 역시 아무도 W 씨의 남편을 불쌍하게 생각하지 않습니다. 불쌍하다는 감정은 부족하고 안쓰러운 사람에게 드는 것이지, 이기적이고 못된 인간에게는 그런 감정조차 사치입니다.

30대 후반 R 씨는 자신의 어머니가 불쌍해서 죽겠답니다. R 씨는 W 씨의 자식과 비슷한 처지입니다. 가정을 돌보지 않는 아버지 때문에 R 씨의 어머니는 온갖 고생을 다했습니다. 남의 집 농사일을 돕는가 하면 공사장 함바집 종업원, 시장 막일꾼으로 인생을 보낸 어머니 생각을 하면 눈물이 절로 납니다. 어머니의 노력으로 R 씨는 번듯한 전문직을 가질 수 있었습니다. 선 자리도 여기저기서 많이 들어오는데, R 씨의 결혼 1순위 조건은 '어머니를 잘 섬길 수 있는 여자'입니다. 외동아들인 R 씨는 여름 휴가 때면 어머니를 모시고 동남아 여행을 다녀오고 명절 때는 국내 여행을 다닙니다. R 씨의 인생 목표 중 하나는 불쌍한 어머니에게 효도하기인지라 결혼하는 게 쉽지 않을 듯 보입니다.

'나만이 너를 이해하고 안아줄 수 있다'는 미친 착각

W 씨와 R 씨는 각각 자신의 남편과 자신의 어머니를 불쌍하다고 여깁니다. 그리고 그 불쌍한 사람을 조건이든 능력이든 성품이든 조금 더 나은 내가 품어 안아야 한다고 생각합니다. '나만이 너를 이해하고, 너를 바꿀 수 있고, 너를 구원할 수 있다'는 착각인 것이지요. 이 착각으로 인해 우리는 사람 사이의 적절한 거리 두기에 실패합니다.

W 씨의 경우, 진작에 이혼하는 것이 합리적 선택이었습니다. 폭행과 바람, 가족을 부양할 책임을 등한시한 남편을 끌어안고 산 것은 W 씨 자신의 선택이고 결정이었습니다. 남편이 이혼을 안 해주었다고 말하나 W 씨 또한 적극적으로 이혼을 밀어붙였던 것은 아닙니다. R 씨의 어머니도 가정의 생계를 위해 노력한 건 사실이나 이 또한 R 씨의 어머니가 마땅히 감당해야 할 몫이라고 볼 수 있습니다. 살아 계신 아버지가 생계를 안 돌봤건 혹은 아버지가 돌아가셔서 생계가 당연히 어머니 몫이 되었건 간에 자식을 부양하는 건 부모로서 당연한 일이지요. 어머니가 고생한 건 고맙게 생각해야 마땅하나 불쌍하게 생각할 것까지는 없습니다. 자식으로서 효도할 수는 있으나 대리효도를 시키기

위해 어머니에게 잘할 여자를 배우자의 우선순위로 정한 것 또한 건강한 모습이라고 하긴 어렵습니다.

타인과 나는 철저히 독립된 개체다

50대 Q 씨가 생각납니다. Q 씨는 10년 전 자식이 사고로 죽은 후 남편과의 갈등이 심해져 이혼했습니다. 사고 당시 원망할 대상이 필요했던 Q 씨는 자식의 죽음을 남편 탓으로 몰고 가서 부부싸움이 잦았습니다. 가부장적인 남편은 마마보이어서 Q 씨를 더 힘들게 했었지요. 그러나 시간이 지나 객관적으로 생각해보니 남편이 불쌍하게 느껴지더랍니다. 시부모님이 힘든 분이셔서 그 틈바구니에서 남편이 얼마나 힘들게 컸을지 지금은 보입니다. 사고 전 남편이 자식을 정말 예뻐했으며 가장으로서 가족을 부양하기 위해 성실히 일했던 것도 사실입니다. 사고 후 남편이 너무 힘들어하던 모습도 생생합니다.

한 발짝 떨어져 상황을 보니 남편의 인생이 측은해 보입니다. 최근에 건너 건너 남편이 재혼했다는 소식을 들었습니다. 새 부인과는 행복하게 잘 살았으면 좋겠다면서 Q 씨는 밝게 웃었습니다. 자식을 앞세운 나도 불쌍하고 남편도 불쌍한 사람인데, 한 사람이라도 덜 힘들게 좀 행복하게 살 수 있을 거라고 생각하니 진심으로 남편의 재혼을 축복할 수 있다면서요.

제대로 된 측은지심은 이렇게 한 발짝 떨어져야 생깁니다. 인간 사이에 얽히고 설켜 같이 구르는 관계에서 생기는 불쌍하다는 마음은 경계해야 합니다. W 씨는 남편이 암투병으로 자신에게 의지하는 상황을 내심 기뻐했습니다. 남편을 간호하는 일을 통해 자신의 존재 의미를 찾을 수 있기 때문입니다. 남편에게 암에 좋다는 무청을 씻고 삶고 말려서 우엉, 당근, 표고버섯과 함께 정성스레 달여 바치는 W 씨의 희생적인 삶 뒤에는 어쩌면 자신의 존재 의미를 찾고자 하는 감정이 존재합니다.

사람은 정 때문에 살지만 정 때문에 힘들고, 정 때문에 인생이 망할 수도 있습니다. 상대방에 대한 동정심 때문에 결혼을 결심한 사람도 봤습니다. 어렵고 힘든 세월을 보내온 상대에게 '나만이 너에게 오아시스처럼 한 모금 생명수가 되리라'는 마음에 섣부르게 결정을 내립니다. 평강공주 같은 마음이지요. 그런데 이게 과연 좋은 결정인지는 반드시 생각해봐야 합니다.

측은지심과 정은 좋은 단어입니다. 세상이 그래도 아직 살만하구나 느낄 수 있는 훌륭한 덕목이지요. 그러나 상대를 과하게 불쌍하다고 보는 감정이 느껴진다면 나를 한번 돌아봅시다.

'나는 왜 남들이 다 손가락질하는 사람을 불쌍하다고 여기는가?'

'그 사람과 내가 각자 독립된 인생이라는 것을 인정하지 않고 그 사람과 나를 묶어서 하나의 단위로 여기는 것은 아닌가?'

'이 불쌍하다는 감정놀음에서 나는 어떠한 감정적 이익을 얻고 있는가?'

사실 따져보면 측은지심과 정이 많은 사람은 자신의 쓸모를 타인과의 관계에서 증명받기 위해 무던히도 애쓰는 사람인 경우도 많습니다. 또한 나쁜 사람이 되기 싫은 내 마음을 타인에 대한 측은지심 뒤에 숨어 정당화하는 경우도 많지요. 자신의 비합리적인 행동을 "나는 측은지심과 정이 많은 사람이야"라는 말로 꾸며내고 있는 것은 아닌지 한번 생각해봅시다.

효도하는 마음 안에는
죄책감이 있다

불쌍하다는 생각과 짝을 이루는 인간의 감정이 있습니다. 바로 '죄책감'입니다. 그런데 죄책감은 인간이 가진 기본적인 정서가 아닙니다. 미국의 심리학자 로버트 플루칙(Robert Plutchik)에 따르면, 인간이 가진 기본적인 정서는 총 여덟 가지로 나뉩니다. 긍정 정서로 구분되는 '기대' '기쁨' '수용'과 부정 정서로 분류되는 '공포' '놀람' '슬픔' '혐오' '분노'가 그것입니다. 기본 정서가 혼합된 복합 정서도 있습니다. '기쁨'과 '수용'이 더해지면 '사랑'이며, '슬픔'과 '놀람'이 더해지면 '실망'이 됩니다. '혐오'와 '분노'가 합쳐지면 '경멸'이 되지요. 다른 학자들이 감정을 분류해서 명명한 단어에서도 '죄책감'은 찾아보기 어렵습니다. 죄책감은 인간이 가진 기본 정서가 아니고 인간만이 느낄 수 있는, 인간에 의해 의도적으로 만들어진 감정이기 때문입니다. 또한 죄책감은 어떤 생각과 짝을 이루어 만들어지는 인지적 요소가 강한 감정이기도 합니다.

우리 부모님은 고생만 하셔서 너무 불쌍해요

30대 초반 B 씨는 본가에서 편도로 두 시간 정도 떨어진 곳에서 직장 생활을 하고 있습니다. 일주일에 한 번씩 본가로 어머니의 얼굴을 보러 가는데 때로는 이 일정이 버겁습니다. 친구와 약속이 있거나 직장 업무가 많아 밀린 일을 해야 할 때면 한 주 거르고 싶은 마음이 굴뚝같으나 자취 생활 3년 차인 지금까지 주말에 본가를 방문하는 것을 거른 적 없습니다. 주말마다 본가에 가는 것이 힘들면 가끔 걸러도 되지 않느냐 물었더니 B 씨는 그러면 죄책감이 들어서 힘들 것 같다고 말합니다.

왜 죄책감이 드냐고 물어봤습니다. 어머니가 불쌍하답니다. 아버지와 사이가 안 좋아 서로 무늬만 부부라서, 그리고 어머니가 지금까지 계속 맞벌이를 해왔기 때문에 불쌍하답니다. 힘든 직장에 다니시냐고 물어보니, 안정적인 직장에서 지금은 관리자급으로 일하기 때문에 편한 편이랍니다. 저는 의아한 마음에 남편과 사이가 좋지 않은 맞벌이 중년 여자는 다 불쌍한 거냐고 역으로 질문했습니다. 그러자 B 씨가 고개를 갸우뚱하며 그런 것 같지는 않다고 대답합니다. 그럼 어머니가 왜 불쌍하다고 말하느냐고 다시 묻자 한참 생각하던 B 씨는 이렇게 말했습니다.

"어머니가 항상 저를 붙들고 신세 한탄을 했어요. 스스로를 불쌍하다고 말하면서 장녀인 내가 잘해야 한다고 말이죠. 저는 이 말을 수없이 듣고 자랐어요."

이렇듯 스스로를 불쌍하다고 말하는 부모 밑에서 큰 자식들은 죄책감이라는 감정을 배우게 됩니다. 이런 경우, 죄책감은 자식을 컨트롤하는 큰 힘으로 작용합니다. 불쌍한 어머니를 외면하는 것은 못된 자식이 하는 행동이기 때문입니다. 사실 평범한 일반인이 죄책감이라는 정서를 느끼는 경우는 많지 않습니다. 스스로 느끼는 도덕적 단죄인 죄책감을 자주 느끼는 사람이 얼마나 되겠습니까? 누구나 소소한 잘못은 하고 살지만 큰 도덕적 잘못을 하고 사는 경우는 별로 없으니까요.

사이코패스의 특징을 얘기할 때 빠지지 않는 게 있습니다. 바로 죄책감의 결여입니다. 사이코패스가 죄책감이 없기 때문에 반사회적 행동을 저지르는 것은 맞습니다. 평범한 일반 사람들은 죄책감을 느낄 상황을 만들지 않지요. 죄책감을 느끼면서까지 반사회적 행동을 하지 않는다는 것입니다. 그래서 죄책감이라는 단어는 평범한 우리에게 사실 아주 낯선 개념입니다.

가족과 마음의 거리를 두기가 어려워요

그런데 한국 사회에서는 이상하게도 죄책감이라는 정서를 자식이 부모에게 느끼는 경우가 많습니다. B 씨가 부모의 뜻을 따르지 않을 경우 죄책감이 느껴진다고 말한 것처럼요. 이런 분들은 보통 부모의 뜻에 반대되는 직장을 잡을 때, 부모가 원하는 물질적 요구를 들어주지 않을 때, 부모의 과한 요구에 따르지 않을 때 죄책감을 느낀다고 말합니다. 순전히 부모의 기준에 맞지 않는 행동을 했을 때 부모에게 들은 비난이 아직도 내면에 살아 숨 쉬고 있기 때문입니다. 그런 순간이 올 때마다 부모의 목소리로 나를 단죄하고 나의 죄책감을 자극합니다. 심리학 용어로는 이를 '내사(Introjection)'라고 합니다.

　B 씨가 자주 하는 말이 있습니다.

　"어머니가 하는 말이 옳지 않다는 것을 머리로는 아는데, 어머니와 거리를 두기가 어려워요."

　B 씨는 어머니와 자신을 한데 묶어 '우리'라는 단위로 인식

합니다. 그래서 어머니가 말한 '스스로 불쌍하다'는 콘셉트를 자신의 가치로 의심 없이 받아들입니다. B 씨는 어머니에게 주말마다 본가에 오기 어렵다고 말하는 것을 힘들어합니다. 어머니의 마음에 상처를 주는 말이라고 생각하기 때문입니다. 주말마다 본가에 가는 것을 통해 스스로 장녀의 역할을 잘해내고 있다고 굳게 믿고 있지요.

반대로 본가에 가지 않으면 장녀로서의 역할을 제대로 하지 못했다며 죄책감에 휩싸입니다. 자신이 어머니에게 최선을 다하면 어머니가 행복해질 거라고 생각하면서 자신의 욕망과 기대를 어머니에게 투사하는 겁니다. 즉, B 씨는 어머니가 만든 세상에 끼어 들어가 어머니와 함께 톱니바퀴를 맞추며 춤을 추고 있습니다. 그렇게 어머니가 만들어놓은 세상을 진실된 세상이라 생각하며 살아갑니다. 그게 어머니가 만들어놓은 덫이라는 것을 인식하지 못하면서요.

과도한 효도는 사회에서 세뇌시킨 콘셉트다

이쯤에서 발칙한 이야기를 하나 해볼까요? 효도라는 콘셉트는 인간이 인위적으로 만들어놓은 콘셉트이지 자연스러운 것이 아닙니다. 실제로 동물에게 자식을 돌보는 본능은 존재하나 부모를 돌보는 본능을 가진 동물은 지구상에 단 한 종도 존재하지 않습니다. 효도는 인간 사회에서 긴 세월에 걸쳐 만들어지고 세뇌시킨 콘셉트입니다. 사회 공동체를 유지하기 위한 필요에 의해 만들어진 콘셉트입니다. 그래서 '내리사랑은 있어도 치사랑은 없다'는 속담이 존재합니다. 내 부모가 나에게 베푼 사랑을 내가 내 자식에게 베푸는 것이 맞는 거지요. 효도가 나쁘다는 것이 아닙니다. 자식에 대한 사랑은 본능으로 하지만 부모에 대한 효도는 도리로 한다는 뜻입니다. 그 도리를 다하지 못하면 죄책감이라는 부적절한 감정이 따라오기에 과한 효도는 인간의 삶을 힘들게 할 수 있다고 말하는 겁니다.

효도와 함께 따라오는 '도리'라는 말도 별로입니다. 도리는 부모에게 효도하면서 많은 사람들이 쓰는 단어입니다. '각자 알아서 도리를 하면 된다' '다른 형제들이 도리를 하건 말건 나는 나의 도리를 하겠다'처럼 말하면서요. 이처럼 효도는 인간의 의지가 들어가야 행동화되는 도리이고, 자식을 돌보는 것은 그냥 자연스러운 동물과 인간의 공통된 마음이자 본능이지요. 그래서 효도는 힘듭니다.

박경리의 대하소설 《토지》의 등장인물 '조병수'의 삶이 생각납니다. 밖에서 온갖 나쁜 짓을 하고 꼽추로 태어난 자신을 외면

했던 아버지 조준구가 오갈 데 없어져 몸을 의탁하자 성심성의껏 돌봅니다. 마지막 죽는 순간까지 아들을 구박하고 학대하는 아버지를 지극정성으로 모시고 가족들의 반대를 무릅쓰고 묘를 만들어 끝까지 자식 된 도리를 다합니다. 이런 조병수야말로 죄책감에 희생당한 모습이라고 생각합니다. 조병수는 개과천선하지 못하고 악인으로 남은 조준구를 마지막까지 구제받지 못한 인간의 모습이라 여겨 연민을 느끼며 온갖 횡포를 견뎌내지요. 불쌍함과 짝을 이룬 부적절한 죄책감이 조병수의 삶을 설명합니다. 수모, 결핍, 부끄러움으로 점철된 삶을 예술로 승화시킨 조병수의 삶은 위대합니다. 그러나 현실적으로 생각했을 때, 조준구의 패악을 견뎌내면서 묵묵히 인간의 도리를 다하는 조병수의 삶은 아름답지도 고귀하지도 않습니다. 단지 소설 속에서나 휴머니즘의 상징적인 인물로 보일 뿐입니다.

일방적으로 주기만 하거나
받기만 하고 있다면

한국 사회에서 경조사 문화는 그 중요성을 아무리 강조해도 지나치지 않습니다. 어떤 경조사가 되었든 받는 사람이나 주는 사람이나 부조금을 살뜰히 챙깁니다. 부조해야 하는 사람은 어느 정도의 액수가 적당한지 고민하지요. 그러면서 그 사람과의 관계를 다시 한 번 돌아보게 됩니다. 받은 사람의 경우는 더 명확합니다. 경사가 되었든 조사가 되었든 받은 부조금을 살뜰히 정리해놓습니다. 다음에 돌려줄 기회가 되었을 때 적어도 받은 금액만큼은 부조해야 인간관계에서 실수하지 않을 수 있기 때문입니다. 서로의 경조사를 챙길 만큼의 사이라고 생각했는데 부조금이 안 들어오면 마음의 거리가 생기기도 합니다. 그래서 경조사는 나의 인간관계를 정리정돈하는 기회가 되기도 합니다.

기브 앤 테이크가 없는 관계는
사람을 지치게 한다

모든 인간관계에는 '기브 앤 테이크(Give & Take)'가 존재합니다. 예를 들어 부모 자식 관계에서도 마찬가지입니다. 솔직히 말해 아이를 낳는다는 행위 자체가 순전히 부모의 선택에 의한 부모 중심의 본능적이고 이기적인 행동입니다. 아이를 갖고 싶다는 마음이 들거나, 우연히 생겼거나, 남들도 다 아이를 낳기에 나도 낳아야 할 것 같아서, 혹은 자식을 낳지 않으면 미래에 후회할까 봐, 자식이 있으면 더 행복해질 것 같아서 등등 다양한 이유가 있습니다. 솔직히 자식을 낳아서 자식을 행복하게 해주기 위해서 자식 입장을 먼저 고려하면서 애를 낳지는 않아요. 누구든 나의 선택이 아닌 '부모의 선택에 의해 이 세상에 태어남'을 당한 것이지요.

물론 한 명의 제대로 된 인간으로 길러내기 위해 부모가 자식에게 해주어야 하는 몫은 만만치 않습니다. 그러나 자식 또한 부모에게 받기만 하는 존재는 아닙니다. 평생 효도는 어릴 적 다한다는 말이 있듯, 자식이 부모에게 주는 기쁨 또한 만만치 않습니다. 자식이 부모에게 보여주는 티 없이 맑은 웃음과 애착은 자식이 부모에게 되돌려줄 수 있는 가장 큰 기쁨입니다. 아이의 성장을 지켜보는 부모는 한없이 뿌듯하지요. 부모 자식 간에도 이렇듯, 모든 관계는 상호교환적인 무형의 관심과 애정과 의미와 가치가 오가야 유지됩니다. 기브 앤 테이크 관계가 이뤄지지 않는 인간관계는 사람을 지치게 합니다.

갈등을 통해 관계의 지속 여부를 결정하라

30대 중반 L 씨는 카풀 문제로 1년 넘게 속앓이를 하고 있습니다. 가끔 비정규직 아르바이트를 다니는데, 같이 다니는 H 씨 때문입니다. H 씨는 L 씨의 차로 같이 출퇴근을 합니다. H 씨가 좀 부지런을 떨면 회사 통근 버스를 탈 수 있는데도 L 씨의 차를 타고 다닙니다. 가끔 밥을 산다거나 하면서 고마움을 표시하지만 L 씨의 스트레스는 커지기만 합니다. H 씨는 만나야 하는 시간을 맞추지 못하고 늑장 피우는 일이 비일비재한 데다, 편하게 평일에만 일하는 L 씨에게 일당을 더 주는 주말에도 일을 나가자며 계속 권유하기 때문입니다. 한두 번 거절했는데도 포기하지 않고 본인이 일을 하고 싶은 주말이면 항상 L 씨에게 얘기하기 때문에 매번 거절하는 것도 곤란한 일입니다.

　그러던 중에 회사에서 L 씨에게 좋지 않은 일이 벌어졌습니다. 하지만 H 씨는 매번 같이 차를 타고 다니는 사이인데도 불구하고 철저히 방관했지요. L 씨는 서운한 마음에 H 씨와의 관계를 심각하게 고민하게 되었고, 더 이상 카풀을 하기 어렵겠다고 일방적으로 통보했습니다. 그 결과, 현재는 서로 회사에서 서먹서먹한 사이가 되었습니다.

20대 중반 대학원생 Y 씨는 늘 인간관계가 어렵습니다. 대학을 졸업한 지금까지 스스로 관계를 정리한 친구를 손꼽아 세어보니 열 명이 넘더랍니다. 무엇이 문제일까 고민한 결과, 항상 친구에게 맞추어주는 인간관계를 맺어왔다는 것을 깨달았습니다. 중고등학교 때나 대학교 때 친구들이 힘들다고 하소연하면 Y 씨는 항상 들어주는 입장이었습니다. Y 씨는 단 한 번도 친구들에게 힘들다는 얘기를 해본 적이 없습니다. 또한 친구에게 서운한 일이 있어도 꾹 참고 자신의 마음을 내보이지 않았습니다.

이런 행동 방식은 Y 씨의 성장 과정과 연관이 있었습니다. 불화가 끊이지 않았던 Y 씨의 부모님은 장녀 Y 씨를 방임해서 키웠습니다. Y 씨는 자신의 감정을 눌러 참는 법부터 배울 수밖에 없었지요. 부모 대신 어린 동생들을 돌보며 일찌감치 철이 들어야 했습니다. 성인이 되자마자 집을 나와 혼자 돈을 벌어서 대학을 졸업했습니다. 누군가의 호의를 받는 게 Y 씨는 지금도 편하지 않습니다. 누가 자신에게 친절하게 굴면 Y 씨는 의심부터 합니다. 나에게 뭔가 얻을 게 있나? 이런 생각부터 듭니다. 힘든 어린 시절은 Y 씨에게 타인과 세상에 대한 불신을 심어놓았습니다. Y 씨의 생존 방식은 주변 사람들에게 맞추어주면서 자신의 힘듦을 드러내지 않는 것이었지요.

추석 때 고향에 간 Y 씨는 고등학교 때 친했던 친구에게 몇 년 만에 만나자는 연락을 받았습니다. Y 씨는 그 친구에게 자신의 이야기를 털어놓았습니다. 부모님 때문에 항상 소극적이고 주눅 들어 있던 모습, 대학에 들어간 뒤 돈 때문에 마음고생을 했던 일을 덤덤히 이야기했습니다. 난생처음 자신의 열등감과 민낯을 고스란히 드러내 보인 겁니다. Y 씨는 그동안 누군가의 이야기를 들어만 주었던 관계에서 벗어나 자신의 얘기를 친구에게 던져봤습니다. 친구는 긴 시간 동안 묵묵히 Y 씨의 말을 다 들어주었습니다. 그러더니 얘기가 끝나자 Y 씨를 붙들고 펑펑 울었습니다. 왜 그동안 아무 얘기도 안 했냐며, 힘들었겠다면서요. Y 씨는 몇 년 만에 만난 친구가 자신을 이상하게 생각해도 별 상관없다는 심정으로 자기 속마음을 드러내 보였는데, 그 대화 이후 친구의 반응에 놀라지 않을 수 없었습니다. 친구는 며칠 뒤, 아무렇지도 않게 언제 다시 고향에 올 거냐고 물으며 고향에 오면 꼭 연락하라고 이야기하더랍니다. Y 씨는 이제 올바른 인간관계를 맺으려면 서로에게 솔직해야 하며 동시에 서로 주고받는 게 꼭 필요하다는 것을 깨달았습니다.

고마움을 모르는 사람에게 끌려다니지 마라

인간관계의 주고받음이 균형을 잃으면 어느 순간 주는 쪽부터 지치게 됩니다. 문제는 상대방에게 솔직하게 말하지 못하고 정당한 요구조차 하지 못하는 것에서 시작됩니다. 이유는 여러 가지가 있습니다. 그렇게 하는 것이 도리인 것 같아서, 남에게 싫은 소리를 못 하는 사람이라서, 그동안 살아온 방식이기에 등등 다양합니다. 그렇게 참고 참으며 쌓인 스트레스는 어느 순간 폭발합니다. 그 결과, 상대방에게 자신이 왜 이렇게 화가 났는지 제대로 이야기하지도 않고 관계를 단절하는 경우가 흔합니다.

그동안 쌓아온 마음의 깊이와 일방적인 관계에서 받은 스트레스는 당사자 자신만 압니다. 상대방에게 내가 지금 관계에 대한 스트레스가 어느 정도 쌓여 있는지 말하지 않으면 그 누구도 알 수 없습니다. 관계를 단절당하는 사람도, 단절하는 사람도 모두 같이 책임이 있습니다. 누군가와 관계를 계속 이어가려면 그래서 그때그때 솔직하게 나의 지분을 요구해야 합니다.

그런데 이런 요구가 통하지 않는 사람들이 있습니다. 바로 기브 앤 테이크 관계가 안 되는 사람입니다. 한마디로 상대방의 고마움을 모르는 사람이지요. 이런 사람과는 빨리빨리 관계를 정리하는 편이 좋습니다. 자식이 힘들게 번 돈을 착취하는 일부의 연예인 부모들 얘기를 듣습니다. 진작에 관계를 정리했어야 하는데 오랜 세월 착취당한 후에야 결심을 합니다. 자식이 힘들게 번 돈을 부모에게 베푸는 고마움을 모르는 것이지요. H 씨도 마찬가지입니다. 카풀 해주는 사람의 고마움이 밥 몇 번 산다고 갚아진다고 생각하는, 상대방의 배려와 노고를 잘 모르는 사람입니다. Y 씨의 친구는 학창 시절에 옆에서 묵묵히 자신의 힘듦을 보듬어주었던 Y 씨의 고마움을 잊지 않았기에 지금의 Y 씨와 관계를 이어 나가길 원하는 것입니다.

부모 자식이건 형제건 친구건 동료건 간에 고마움을 모르는 사람과는 일찌감치 관계를 정리하는 게 현명한 인간관계의 규칙입니다. 세상에 당연한 것은 하나도 없습니다. 고마운 것을 고마운 줄 모르는 사람은 나의 에너지를 뺏어가며 나의 삶을 갉아먹습니다. 그래서 우리는 나만의 기브 앤 테이크 목록을 열심히 체크하며 살아야 할 필요가 있습니다.

우리는 친해져야 해!
사랑과 관심을 갈구하는 사람들

20대 중반 B 씨는 자식의 일에 일일이 간섭하는 어머니 밑에서 자랐습니다. 어머니는 B 씨에게 공부를 잘해야 한다고, 전문직이 되어야만 인생에서 성공하는 거라고 입버릇처럼 말했습니다. B 씨가 90점을 받으면 왜 틀려서 10점을 깎였느냐고 야단을 쳤고요. 친구를 사귀면 어떤 친구인지 일일이 물어보면서 그 친구를 사귈지 말지 결정해주기까지 했습니다. 의대에 들어갈 실력이 안 되는데도 어머니의 구박을 들으며 어머니가 정한 인생 플랜에 따라 살았습니다.

　　B 씨는 항상 마음이 불안하고 생각이 많습니다. 어떤 일을 할 때도 자신이 잘하고 있는 것인지 끊임없이 고민합니다. 사람을 만날 때도 어떤 말을 할지 열심히 시뮬레이션하고요. 누군가

만나고 돌아오면 자신이 했던 말과 행동을 되짚으며 혹시 실수한 부분이 있는지 계속 곱씹습니다. B 씨는 사람과의 사귐에 특별히 공을 기울입니다. 대학에 다닐 때는 동아리 회장도 했는데 대학원생인 지금은 연구실 선후배들과 이상하게 친해지기 어렵습니다. 후배들에게 잘해주는데도 후배들은 자신에게 항상 깍듯하고 거리를 두는 것 같습니다. 선배들하고도 큰 문제는 없으나 항상 벽이 존재하는 것만 같습니다. B 씨는 뭐가 문제인지 모르겠다며 고민을 토로합니다.

결핍은 관계의 패턴을 만든다

B 씨는 사람들 앞에서 항상 가면을 쓰고 있었습니다. 어린 시절부터 익숙한 방식입니다. 항상 어머니가 부여해준 콘셉트에 맞는 가면을 쓰고 살아왔기 때문입니다. 그러지 않으면 어머니의 꾸중과 체벌이 이어졌습니다. 어머니는 자신이 원하는 대로 하지 않으면 B 씨에게 사랑받을 수 없는 나쁜 아이라고 말했습니다. B 씨의 페르소나는 '어머니의' '어머니에 의한' '어머니를 위한' 것이라는 게 문제였습니다. B 씨는 자신의, 자신에 의한, 자신을 위한 삶이 어떤 것인지 몰랐던 대가를 치르고 있습니다.

B 씨는 엄마와의 관계를 다른 사람들에게도 되풀이했습니다. 사람들이 원하는 콘셉트의 페르소나를 기꺼이 뒤집어썼지요. 후배에게 할 말이 있으면 후배가 좋아할 법한 말을 합니다. "힘들겠다" "내가 밥 사줄까?" "교수님이 좀 너무하신 것 같다" 같은 말입니다. 적절한 말 같지만 상대방에게 잘 보이기 위한 말일 뿐, 솔직함이나 진정성이 없다는 것을 사람들은 금방 알아차립니다. B 씨는 타인에게 잘 보이기 위해 마음에도 없는 말과 행동을 되풀이해온 겁니다.

B 씨는 대학교에서 학점도 잘 받았고 가끔 이공계열 대회에서 상을 타기도 했습니다. 남들이 보기에는 승승장구하는 삶을 살고 있지만, 정작 B 씨는 이런 성공들이 의미 없게 느껴집니다. B 씨에게 의미가 있는 것이 무엇인지 물어보니 사람들과 격의 없이 지내면서 서로 챙겨주고 챙겨 받는 삶이라고 대답합니다. B 씨가 원하는 것은 사람들 사이에 속해 있다는 '소속감'인 것입니다. B 씨는 살아오면서 제대로 된 소속감을 가져본 적이 없기에 소속감을 찾아 헤매는 것입니다.

소속감을 찾아 헤매는 사람들의 특징

인간은 기본적으로 관계적 존재입니다. 태어나서부터 많은 관계 속에서 살아갈 수밖에 없습니다. 부모 자식, 형제자매, 친구, 이웃, 직장 내 사람들 속에서 살아갑니다. 그 각각의 관계에서 우리는 각각의 정체성으로 소속감을 느끼며 살아갑니다. B 씨뿐만 아니라 세상 모든 사람들에게 소속감은 중요합니다. 실제로 좌절된 소속감으로 인한 심리통은 신체적 고통과 유사한 뇌 부위를 활성화시킵니다.

문제는 B 씨의 경우, 부모 자식 관계에서 형성된 인간관계가 기본적인 관계의 틀로 고정되었다는 것입니다. 그는 항상 타인의 눈치를 보며 살았고, 부모가 원하는 의대에 가지 못하자 자신을 못난 사람이라고 생각했으며, 이 세상은 힘든 곳이라는 인식 속에서 살아왔습니다. 사람들과 관계 맺기를 갈구하지만, 이 세상에는 타인을 이용하는 이기적인 사람이 대부분이라는 생각이 강합니다.

이런 생각은 타인들과의 관계에서 점점 굳건해집니다. 누군가 호의를 보이며 다가와도 '왜 나에게 이러지? 내가 그럴 가치가 있나?'라는 생각에 솔직하게 진정성 있게 다가가지 못합니다. 사심 없이 다가온 상대방은 B 씨의 이러한 태도에 불편함을 느끼고 결국 B 씨와 거리를 두게 됩니다. 그러면 B 씨는 '역시 나는 매력이 없는 사람이야'라는 자신의 신념을 더욱 굳힙니다. 자기 충족적 예언(Self-fulfilling prophecy)의 악순환이 시작되는 것이지요. 누군가와 진정한 관계를 맺고 제대로 된 소속감을 느껴본 적이 없습니다. 그래서 마치 파랑새가 옆에 있는 줄 모르고 헤매는 치르치르와 미치르처럼 인생을 살아갑니다.

인간이 태어나 처음 맺는 부모와 가족 안에서 진정한 인간관계를 맺지 못하면 세상을 향해서 나아가는 인생 시즌 2를 시작하기 어렵습니다. B 씨에게는 대학원 전공보다 어떻게 하면 '좋은 친구를 사귈 수 있을까' '연애를 하면 외롭지 않을까' 하는 문제가 인생의 화두입니다. 좌절된 소속감은 외로움에 사무치는 B 씨의 현재 모습을 만들어냈습니다.

페르소나를 뒤집어쓰고 진짜 자기로 살아본 적 없는 사람은 타인과 진정한 관계를 맺기 어렵습니다. 페르소나를 열심히 뒤집어쓸수록 타인과의 관계에서 진정한 소속감을 느끼기 어렵고, 결국 타인의 사랑과 관심을 갈구하면서 더욱더 페르소나를 굳건하게 굳히는 악순환이 반복됩니다.

내 탓만 하는 사람들

남 탓만 하는 사람들의 마음속에 자기 연민이 가득하다면, 자기 탓만 하는 사람들은 '자기 비난'에 사로잡혀 있습니다. 20대 후반 T 씨가 그런 경우였지요. T 씨는 아무것도 하기 싫고 무기력해지는 우울증 증상 때문에 상담을 청했습니다. 그런데 T 씨에게는 우울증보다 더 큰 문제가 있었습니다. 바로 자신에 대한 '부정적인 자기 개념'이 그의 인생을 더욱 힘들게 하고 있었습니다.

T 씨는 자신이 못나고 단점투성이라고 생각합니다. 모임에 나가도 적절한 말과 행동을 취하지 못한다며 고민이 많습니다. 그래서 모임에 나갔다 오면 자신의 말과 행동을 일일이 검열하고, 그 과정에서 부적절한 말과 행동을 어떻게든 찾아내서 자책하는 과정을 되풀이했습니다. 스스로 매력이 떨어지는 사람이라

고 생각해서 자신을 감추려고 열심히 노력합니다. 모임에 나가기 전에 대화 소재를 고심하고요. 모바일 메신저에서 쓰기 위해 요새 유행하는 '밈(Meme)'도 열심히 찾아봅니다. 전 세계 시사 상식도 열심히 챙기고 문화적인 트렌드도 놓치지 않고 따라가려고 노력하지요. 이 모든 게 관심이 있어서가 아니고 '남들과의 대화에서 소외당하지 않고 뒤떨어지지 않기 위해서'입니다. 회사 프로젝트를 성공시켰을 때도 성취감보다는 스스로에 대한 의심을 떨치기 어렵습니다.

'나는 못난 사람이야' 자기 비하의 이유

T 씨는 어떤 일을 하든 누구를 만나든 스스로를 끊임없이 평가하고 판단합니다. 일이나 만남이 자기가 생각할 때 실패라고 여겨지면 나는 역시 못난 사람이라는 자기 개념을 다시 한 번 굳건하게 확인합니다. 일이나 만남이 성공으로 끝나도 그 결과를 평가절하합니다. 남들도 다 하는 일이니까, 더 좋은 성과를 내지 못했으니 특별히 잘한 것은 아니라고 생각하면서 자신이 유능하고 매력적인 사람이 아니라는 자기 개념을 또다시 굳힙니다. 한마디로 T 씨는 언제라도 자신을 비난할 준비가 되어 있습니다. 매

일매일 '레디 포 레이니 데이(Ready for rainy day)'를 살아가고 있는 것이지요.

T 씨가 자기 비난을 하는 이유는 '이상적 자기(Ideal self)'와 '현실적 자기(Real self)'의 간극이 크기 때문입니다. 현실의 모습이 이상과 다르다고 생각하기 때문에 항상 스스로에게 불만족스럽습니다. 우리는 모두는 이상적 자기 모습을 가지고 있습니다. 운동선수들은 올림픽 금메달을 꿈꾸고, 음악가들은 유명한 국제 음악 콩쿠르의 대상을 원합니다. 평범한 서민들은 내가 원하는 지역의 30평대 아파트를 꿈꾸고 우리 가족이 모두 건강하고 화목하기를 바랍니다. 바람직한 이상적 자기를 가지고 있다는 것은 좋은 일입니다. 그 이상적 자기를 위해 노력할 수 있고, 노력하면 그에 도달할 수 있기 때문입니다. 그렇게 이상적 자기와 현실적 자기의 모습이 어느 정도 가까워지면 인간은 행복해집니다.

물론 이상적 자기의 기준이 너무 터무니없게 높거나 그 간극을 메우기 위한 노력을 하지 않는 것은 문제입니다. 쉽게 말해 욕심은 많고, 능력은 없고, 스스로 노력도 하지 않는 경우이지요. 이런 경우 끊임없이 타인을 질투하고 깎아내리는 방식으로 스스로의 위치를 타인보다 억지로 위로 올리는 잘못된 방법을 택하기도 합니다.

이상적 자기의 모습이 없는 것도 문제입니다. 인생에서 추구하는 가치가 없어서 공허해지기 때문입니다. 딱히 죽어야 할 이유도 없지만 살아야 할 이유도 없지요. 누군가 타노스의 장갑을 끼고 전 인구의 절반을 소멸시킨다면 사라지는 절반에 속하고 싶다는 생각도 합니다. 이런 사람들은 인생의 의미와 목적이 없는 삶이기에 사는 낙도 없습니다. 가끔 탐식이나 게임, 음주 등 도파민의 농간을 따르며 살아 있음을 느낍니다. 하지만 삶을 바꾸려는 의지도 없고 노력도 하기 싫습니다. 내가 무엇을 원하는지 나도 모르기 때문이지요. 적극적으로 죽음을 택하려는 생각도 없기 때문에 누군가 나를 편하게 소멸시켜주었으면 하고 타노스의 장갑을 기다릴 뿐입니다.

'타인이 원하는 내 삶'이 아닌, '진짜 내 삶'을 살아라

가장 큰 문제는 자기 스스로 추구하는 것이 아닌 타인이 기대하는 나의 모습을 자신의 이상적 자기로 삼았을 때입니다. 즉, '의무적 자기(Ought self)'를 이상적 자기의 모습이라 여기며 이를 추구할 때입니다. 타인의 기준에 맞춰 '나는 무엇이 되어야만 하는

가'라는 명제에 사로잡혀 있을 때입니다.

T 씨는 타인들의 눈에 유능하고 매력적인 사람이 되어야만 한다는 명제에 사로잡혀 있습니다. '나는 인격적으로 성숙한 사람이 되고 싶다' 혹은 '나는 학교 친구들과 진정한 우정을 나누는 진실한 사람이 되고 싶다' 같은 나 자신의 기준에 의한 명제가 아니라 타인의 눈에 비친 나 자신에 대한 의무적 자기를 이상적 자기로 삼았습니다. 그래서 항상 타인과 자신을 비교합니다. 누가 나보다 공부를 잘하는지, 누가 나보다 연봉이 높은지, 누가 나보다 외모가 출중한지, 누가 나보다 재치 있게 말을 잘하는지에 항상 촉각이 곤두서 있습니다.

또한 내가 누군가와 만날 때 어떤 말실수를 했는지, 내가 얼마나 바보 같은 행동을 했는지도 열심히 검열합니다. 타인에 대한 우월감과 스스로에 대한 열등감 사이를 시계추처럼 왔다 갔다 하면서요. 다른 사람의 눈에 비친 나의 모습을 들여다보며 '나는 타인에게 바람직한 모습이 되어야 한다'고만 생각합니다. T 씨의 삶 자체는 자신의 열등감을 감추고 타인의 눈에 얼마나 유능하고 매력적인지 증명하는 과정이었습니다. 그래서 T 씨는 끊임없는 자기 평가와 그에 따라오는 자기 비난을 반복한 것입니다. 그 자기 비난의 한 축이 자기 비하로 빠지면 궁극적으로는 자기혐오에 몰입하게 됩니다.

그래서 타인과의 건강한 관계를 회복하는 것은 나 자신과의 건강한 관계를 회복하는 것과 관련 있습니다. 자기 연민의 축과 자기 비난의 축은 자기 비하와 자기혐오로 이어지기 때문입니다. T 씨는 끊임없는 자기 검열과 타인의 눈에 내가 어떤 사람으로 보여야 한다는 이상적이고 개념적인 자아 탐색 과정을 그만둬야 합니다. 지금 이 순간 존재하는 나 자체로 다른 사람들과 관계를 맺을 때 그들과 진정한 관계로 연결될 수 있기 때문입니다.

'타인의 눈에 비친 나는 무엇이 되어야 하는가'라는 타인 지향적인 명제가 아니라 '나는 어떨 때 행복한가' '나는 무엇을 원하는가'라는 나로부터 출발하는 질문에 답하고 그 답을 찾아 매 순간 인생을 살아가야 합니다. 내가 나답게 살 때 타인과 진정한 만남이 시작되고, 오롯한 나로서 존재할 수 있기 때문입니다.

2부

×

[나를 탐구하기]

남을 바꿀 수는 없지만
나는 나를 바꿀 수 있다

왜 타인을 바꾸려고만 하고
나를 바꾸지는 못하는가?

계속해서 MBTI가 대유행입니다. MBTI가 유행하는 이유는 사람 사이에 갈등이 생길 때 상대방을 이해하는 방법이 되어주기 때문입니다.

"저 사람은 왜 말을 저렇게 할까?"

"어떻게 저런 생각을 하지?"

"진짜 이해되지 않는 행동이네."

이런 상황에 부딪칠 때 마음속 의문을 해소해주거든요. 특히 요새 젊은 연인들 사이에서는 MBTI의 영향력이 절대적입니다. 혈액형의 시대를 지나 동양의 12지신 띠, 서양의 별자리의 시대를 지나 지금 한국에는 MBTI의 시대가 온 것이지요. 나는 'F(Feeling)'인데 연인이 'T(Thinking)'라면 연인이 말을 직설적으로 하는 경향이 있으니 내가 상처를 받지 않도록 말을 좀 부드럽게 해달라고 하소연하는 것처럼요.

갈등의 원인은 MBTI가 아니라 '세계관' 때문이다

D 씨 또한 연애 시절에 남편과의 갈등을 자신의 MBTI와 남편의 MBTI가 달라서 서로 표현 방식이나 행동 양식이 다르기에 소소한 말다툼이 생겨나는 거라고 생각했습니다. 그러나 F 씨와 남편이 부딪치는 것은 MBTI 때문이 아니라 서로의 세계관의 차이가 극심하기 때문입니다.

세계관은 그 사람을 구성하는 인식의 틀을 가리킵니다. 쉽게 말해, 정치관, 종교관이 세계관에 속합니다. 우리가 살면서 별로 친하지 않은 인간관계에서 하지 말아야 할 두 가지 대화 주제가 있다면 바로 정치와 종교입니다. 보수적인 정치관을 가진 사람에게 진보적인 정치관이 옳다고 설득해봐야 소용없습니다. 나와 다른 종교를 가진 사람에게 내 종교의 장점을 알려서 개종시키려고 애써봤자 헛수고일 뿐입니다. 종교관이나 정치관은 이성이 아닌 감정의 영역이어서 아무리 차분하게 장단점을 얘기하더라도 쉽게 바뀌지 않기 때문입니다. 어린 시절부터 주변에서 알게 모르게 영향을 받고 자신이 속한 세계에서 받은 교육에 세뇌되면서 내면 깊숙이 딱딱한 돌멩이처럼 똬리를 틀고 있기 때문에 종교관이나 정치관이 바뀌는 것은 상당히 어려운 일입니다. 그래서 나와 다른 정치관과 종교관을 가진 사람이 자신의 사상을 강요하면 불쾌한 반응을 보이게 됩니다.

D 씨는 가족관이 너무 다른 사람을 배우자로 만난 게 문제입니다. D 씨는 부부 중심의 가족관을 가졌고, 남편은 대가족 중심의 가족관을 가졌습니다. MBTI의 F인지 T인지가 중요한 게 아닙니다. 단지 신혼 시절에는 남편이 조심스레 아내의 성향을 살펴 다정한 목소리로 부탁했지만 지금은 원래 자신의 스타일대로 언제 시댁으로 가자고 통보하는 것이지요. 시댁에 가서 연휴 내내 보내야 한다는 것은 신혼 시절이나 지금이나 똑같습니다.

해결되지 않은 문제에 집착하면
인생이 피곤해진다

D 씨는 시댁만 생각하면 머릿속이 수세미처럼 엉켜버립니다. 왜 우리 남편은 아내와 아이들이 삶의 중심이 아니고 어머니가 삶

의 중심일까? 왜 우리 남편은 시어머니에게 명절 아침에 식사를 한 뒤 처가에 가야 하니 지금 출발하겠다는 말을 못 꺼내는 것일까? 왜 시어머니는 세상이 달라진 것을 모르는 걸까? 요즘 세상에 누가 며느리를 연휴 내내 잡아놓는다는 말인가? 2년 전 친정에 가겠다고 말을 꺼냈다가 시어머니가 내내 심기 불편해하시다가 "너는 참 별거 아닌 일로 시끄럽게 군다"고 말씀하신 게 집에 가는 내내 머릿속에서 떨쳐지지 않아 힘들었습니다. 며느리와 손주들은 뒷전이고 아들만 챙기는 시어머니 모습이나 어머니의 심기가 불편할까 전전긍긍하는 남편의 모습을 보면, "결혼하지 말고 천년만년 애틋한 시어머니와 살지 그랬냐"는 말이 목구멍까지 튀어나오지만 꾹꾹 눌러 참습니다. 가정의 평화를 위해서요.

타인을 바꾸지 못한 나를 무능하게 여기지 마라

D 씨의 경우, 시댁 문제가 계속 머릿속에 머무는 첫 번째 이유는 이 상황이 억울하다는 생각이 들기 때문입니다. '나는 왜 명절 당일 아침에 남들은 다 가는 친정에 못 가는 것일까?' '나도 대학을 나왔고 맞벌이도 하는 어엿한 사회인인데 왜 시댁에서는 아들만 잘난 사람으로 대접을 하는 걸까?' 등등 이런 생각 때문에 억울

합니다. '억울하다'는 감정은 합리적이지 않은 일에서 내가 피해를 보았다고 생각할 때 드는 감정입니다. 회사에서도 마찬가지입니다. 상사에게 야단 맞을 경우 정당한 이유가 있으면 겸허히 받아들입니다. 그러나 말도 안 되는 트집을 잡혔거나 단지 상사가 불편한 심기를 풀어버린 경우라면 억울한 게 당연합니다. 비합리적인 처사라는 생각이 들고 정당하지 못한 갑질을 당한 기분이 들기 때문입니다.

두 번째 이유는 남편에 대한 분노 때문입니다. 왜 정당하지 않은 처사를 가만히 보고만 있는지 이해되지 않습니다. 시어머니에게 제대로 말도 못 하는 바보 같은 사람이라는 생각도 듭니다. 연애 시절처럼 남편이 더 이상 멋있어 보이지도 않고 좋은 사람 같지도 않습니다. 연애 때 알던 그 사람이 맞았나 싶어 생각을 곱씹습니다. 분노라는 감정과 더불어, 남편에 대한 생각을 수정하느라 머릿속이 엉켜버립니다.

마지막으로는 이런 사람인 줄 모르고 남편을 배우자로 선택한 자신에 대한 자괴감을 곱씹게 됩니다. 자신의 선택을 후회하면서 과거의 자신을 꾸짖습니다. 남편과 5년째 계속 같은 대화를 되풀이하지만 남편을 설득하지 못하는 건 자신의 무능력함 때문이라고 생각하지요. 결국 나라는 존재 자체를 하찮게 느끼게 됩니다.

서로에게 '타협 가능한 지점'에만 집중하라

————————

이렇듯 비합리적인 상황과 이기적인 타인, 그 상황을 헤쳐 나가려는 의지와 능력이 없는 나 자신이 합쳐지면서 나의 머릿속은 완결되지 않은 과제로 가득 차오릅니다. 심리학적으로 보면 이는 '자이가르닉 효과(Zeigarnik effect)'의 부정적 결과입니다. 자이가르닉 효과는 완결되지 않은 과제에 대해 인간이 끊임없이 고민하는 것을 뜻하는 용어입니다. 어떤 사람들은 완결되지 않은 과제를 동시에 여러 개 곱씹으면서 인생이 힘들어지기도 합니다. 어렸을 때 나를 사랑하지 않고 학대한 부모에 대한 생각, 내 인생은 왜 이리 힘들고 어렵냐는 생각, 왜 내 주변에는 나쁜 인간들만 가득할까 하는 생각들이 완결되지 않은 과제로 머릿속을 채웁니다. 과제를 완결시켜야만 머릿속이 깨끗하고 정신이 관리되는데, 미해결 과제가 끊임없이 이어지는 상황이지요.

　D 씨의 문제는 남편을 바꾸려는 노력을 계속해왔다는 데 있습니다. AAA라는 방식으로는 문제가 해결되지 않는데, 지속적으로 AAA라는 방식을 쓰면서 포기하지 않았던 것이지요. 그래서 명절 뒤 연례행사인 부부싸움에서는 동일한 대화가 반복됩니다. 왜 우리 집은 시어머니가 중심인 것이냐? 왜 당신은 우리 가정이 가장 우선적으로 고려해야 할 가정이 아닌 것이냐? 모두

'왜(Why)'로 시작하는 질문입니다. 그에 대한 남편의 대답도 5년째 동일합니다.

　타인은 바꿀 수 없습니다. 그런데도 나는 그를 바꿀 수 있다고 착각하고 그에 따라 행동하면 머릿속도 생활도 엉망이 될 수밖에 없습니다. 내가 바뀌려는 생각, BBB나 CCC 등 다른 전략을 취하려는 생각도 하지 못합니다. 실패한 AAA를 붙들고 계속 고집합니다. 야심차게 신상품을 내놓았으나 회사의 뜻대로 되지 않아 실패한 경우를 생각하면 이해하기 쉬울 겁니다. 현명한 리더는 실패한 상품이 어떤 점 때문에 실패했나 꼼꼼히 검토한 후 다음 프로젝트를 준비합니다. 현명하지 못한 리더는 상품을 손에서 놓지 못하고 포장을 바꾸고 이름을 바꾸고 광고 모델을 바꾸는 시도를 하면서 미련을 떱니다. 자신이 개발한 상품이 실패일 리 없다는 자기 환상, 자기 암시에 빠져서 냉혹한 현실을 보지 못하는 것이지요. 혹시 내가 타인을 붙잡고 AAA 방식을 고집하는 미련을 떨고 있는 건 아닌지 생각해봅시다.

　'미련(未練)'은 깨끗이 잊지 못하고 끌리는 데가 남아 있는 마음, 혹은 터무니없는 고집을 부릴 정도로 어리석고 둔한 마음이라는 사전적 의미가 있습니다. 타인을 바꾸려는 노력은 할 필요가 없습니다. 내가 바뀔 수 있는지만 고민하면 됩니다. '타인과 내가 타협 가능한가?' '어디까지 타협 가능한가?' 하고 그 타협점에 의심 없이 오롯한 마음으로 몰두하면 내 감정을 다스릴 수 있습니다. 인간관계는 나의 판단과 나의 선택과 나의 실행과 나의 책임임을 현실적으로 받아들이면서요.

하나의 역할과
기능으로만 살지 마라

해마다 모 단체에서 선정한 효부상 수상자가 뉴스를 장식합니다. 얼마 전 효부상 수상자의 이야기를 전해 들으면서 '저 정도는 해야 효부상을 받는구나!' 감탄했습니다. 수상자는 박사과정 공부를 하는 남편과 함께 미국으로 갔다가, 시어머니가 췌장암에 걸렸다는 소식에 온 가족이 함께 귀국을 했습니다. 그리고 2~3개월 시한부 선고를 받은 시어머니를 모시고 전국 방방곡곡의 요양병원과 건강치유센터를 찾아다니며 간병을 했습니다. 이런 며느리 덕에 시어머니는 1년 가까이 생존했고 "우리 며느리는 세계 1등 며느리다. 네가 그동안에 나를 살렸다"고 말하며 눈을 감았습니다. 시어머니가 세상을 떠난 뒤에는 홀로 남은 시아버지를 10여 년이나 모시고 함께 살았으며, 시아버지가 뇌출혈과 위암 판정을 받자 역시 최선을 다해 간병했습니다.

남을 위해 희생하는 나,
올바른 정체성일까?

―――――――――

솔직히 제가 이 기사를 읽고 처음 드는 느낌은 이런 상은 하나도 부럽지 않다는 생각이었습니다. 효부상이 아니고 '호구상'이라고 이름을 바꿔야 하는 거 아니야? 남의 집 딸 데려다가 간병인으로 평생을 고달프게 착취하면서 이것이 선행이라고 하다니….
살림에, 육아에, 시부모 간병까지 생각만 해도 아득했습니다. 그러다 갑자기 '효자상, 효녀상, 효부상은 있으면서 왜 효사위상은 없는 거지?' 하는 생각이 이어졌습니다.

　　예전에 방송에서 효부상 수상자의 삶을 보여준 적이 있습니다. 결혼한 직후부터 시어머니가 호된 시집살이를 시켰는데 시어머니가 나이 들어 치매에 걸리고 며느리도 못 알아보자 20년을 넘게 시어머니 수발을 들었다고 합니다. 시어머니가 돌아가실 때까지 욕창 한 번 안 걸리게 밭에서 일하다 열 번도 넘게 집에 와서 시어머니의 몸 위치를 뒤집어 주고 밭일이 끝나면 서둘러 돌아와 손만 대충 씻고 부랴부랴 밥을 지어서 시어머니와 가족들의 식사를 챙기는 게 일상이었습니다. 그사이 남편은 퇴근을 한 후 깨끗하게 샤워하고, 아내가 차려준 된장찌개에 밥을 먹고 어머니의 안부를 물은 후 바둑을 두러 나가고는 했습니다. 방송을 보던 중 진심으로 저도 모르게 욕이 나오더군요. 며느리인 할머니는 효부상을 받으면서 펑펑 울었습니다. 그 울음의 의미가 뭘지 궁금합니다. 기뻐서 우는 걸까요? 한스러워 우는 걸까요?

물론 본인이 원한 삶이고, 기쁨과 자부심으로 기꺼이 시부모 간병을 맡아했으며, 그 일에서 의미를 찾았다고 한다면 제3자가 할 말은 없습니다. 그러나 아무리 생각해도, 스스로 원해서 그랬다기보다는 사회와 가부장 문화가 은연중에 강요한 결과가 아니었을까요? 이렇듯 자신의 삶이 역할과 기능으로 점철되어 평생을 살아온 분들이 많습니다. 이상하게도 젊은 시절부터 역할과 기능을 해온 사람은 평생 그렇게 사는 경우가 많습니다. 스스로 자신의 정체성을 역할과 기능에서 찾는 경우입니다. 물론 주변 사람들이 그런 삶을 요구하기도 하고요.

내가 택한 역할이
나에게 어떤 영향을 주는지 체크하라

40대 후반 U 씨도 그런 분이었습니다. 대학생인 오빠 때문에 고등학교만 졸업하고 취업 전선에 뛰어들었습니다. 직장을 다니며 번 돈이 오빠와 남동생의 대학 등록금에 쓰이기도 하고 집안 생활비로 쓰이기도 했습니다. '첫 딸은 살림 밑천'이라는 옛말에 충실하게 살아왔지요. 이상하게도 그런 삶은 결혼 후에도 계속됐습니다. U 씨는 남편과 열심히 맞벌이를 해서 아이 셋을 길러냈습니다. 인스턴트식품 한 번 안 먹이고 매끼 집밥을 해 먹이는 성실한 주부였지요. 출퇴근하는 직장 외에도 따로 부업을 해서 돈을 벌고 있고, 대출을 받기는 했지만 열심히 저축해서 아파트도 두 채나 장만했습니다.

U 씨의 남편은 퇴직 후 자신의 삶을 살겠다며 골프도 하고 낚시도 하며 여러 취미 활동을 개발하고 다닙니다. U 씨는 속이 터져 죽을 것 같습니다. 퇴직 전에 아파트 대출금을 다 갚아야 하고, 아직 아이들이 어려서 교육비도 더 나가야 하며, 아이들을 결혼시키려면 지방 아파트 두 채가 그리 큰 자산은 아닌 것 같은데 남편은 생각이 다릅니다. 퇴직 후에 뭐라도 해보려고 부업을 꾸준히 하는 U 씨와 달리, 남편은 그동안 일만 해온 자신에게 선물

하겠다며 외제차를 고르고 있습니다.

이것은 U 씨가 어린 시절부터 기능과 역할에 충실했던 삶이 계속 이어지는 상황입니다. 기능과 역할을 충실히 해온 삶을 깎아내리려는 것은 아닙니다. 그런 사람들이 모여서 가정과 사회가 원활하게 돌아가는 것도 사실입니다. 그러나 기능과 역할에 충실한 삶을 살 경우, 기억해야 할 것이 하나 있습니다.

'그 기능과 역할을 자신이 주도적으로 선택한 것인가?'

'그 기능과 역할을 하는 것이 나에게 무슨 긍정적 의미가 있는가?'

'나는 왜 이런 기능과 역할을 맡고 싶어하는가?'

'내가 수행한 기능과 역할에 혜택을 받는 사람들은 그것을 고마워하는가?'

쉽게 말해, 자식을 낳아 부모가 되면 부모로서의 기능과 역할에 충실해야 합니다. 이런 경우, 위의 네 가지 질문에 쉽게 "예"라고 답할 수 있습니다. 그러나 효부상 수상자들의 희생적인 삶에 대해서는 저 네 가지 질문의 대답이 곧바로 나오지 않습니다. 사실 이용당하고 착취당한 삶이며, 그 노동력에 수혜를 본 사람들은 고마워하지 않는 경우가 더 많습니다.

인간관계는 기능과 역할만으로 이루어지지 않습니다. 월급

받는 회사에서야 기능과 역할이 대부분을 차지할 수 있지만, 사적인 영역에서는 다른 의미도 같이 찾아야 합니다. 정서적 공감과 지지를 서로 주고받아야 하지요. 그래야만 서로 감당하는 기능과 역할에 긍정적 의미가 덧씌워지게 됩니다. 또한 시간이 흐르면서 좋은 경험들을 같이 공유해야 합니다. 여가 활동과 취미 활동, 식사와 운동 등을 같이하면서 즐거움을 느껴야 합니다. 그런 좋은 경험들은 관계에 긍정의 의미를 더해줍니다. 그래야만 너와 나 사이에 자발적인 우리라는 소속감이 생깁니다.

나를 위해 살아라. 누군가를 위해 살지 마라

지인 중 금슬 좋기로 소문이 자자한 50대 부부가 있었습니다. 항상 두 분이 같이 다니고 취미 활동도 같이 했습니다. 20대에 뜨겁게 사랑해서 가족의 반대를 무릅쓰고 결혼한 역사도 있습니다. 그런데 아내가 폐암으로 세상을 떠난 지 1년이 지나자 바로 재혼하는 모습을 보고 놀랐던 기억이 있었습니다. '아내를 진심으로 사랑했으면 재혼하지 않고 아내를 기리며 살거나 혹 재혼을 하더라도 3년 상은 치러야 하지 않나' 하고 생각했지요. 그러다 이들 부부의 금슬이 좋았던 비결은 아내가 남편의 일거수일투족을 챙겨주었기 때문이라는 주변 지인들의 말을 듣고 모든 게 이해가 되더군요.

아침에 출근할 때 와이셔츠에 어울리는 넥타이며 신발까지 싹 다 챙겨주던 아내였습니다. 바쁜 남편을 대신해 관공서나 은행에서 해야 할 일들을 전부 맡아서 처리했고요. 건강식품과 남편 보약을 챙기는 것은 물론 요리도 잘해서 다양한 요리로 식사 준비를 하던 뛰어난 능력자였습니다. 집 인테리어도 전문가 수준이었습니다. 오래 산 부부의 금슬이란 '자신을 편하게 해주는 기능과 역할에 충실한 것'을 의미할까요? 세간에서 말하는 '중년 남자의 재혼은 하녀가 필요해서고 중년 여자의 재혼은 돈이 필요해서'라는 게 정말 맞는 말일까요? 저는 의문이 들었습니다.

우리 모두 하나만 기억하면 좋겠습니다. 내가 하기 싫은 것은 남에게 강요하지 말자는 것입니다. 내가 하기 싫은 부모 간병을 왜 내 아내에게 강요합니까? 또 누가 나에게 기능과 역할을 부여하면 열심히 고민해보고, 아니다 싶으면 당당히 "노(No)"라고 얘기합시다. 나는 내 인생을 행복하게 살기 위해 이 세상에 태어난 것이지 누군가의 인생에서 하나의 역할을 하기 위해 사는 것이 아닙니다. 우리 인생이 기능과 역할을 빼고 생각할 수 없다면 다른 의미도 서로에게 열심히 부여해주면 좋겠습니다. 정서적 공감과 지지, 함께 보낸 행복한 시간들이 부여될 때 기능과 역할이 빛을 발한다는 사실을 명심합시다.

내가 만든 환상에
관계를 맞추지 말 것

30대 중반 J 씨는 머리가 복잡합니다. 최근에 남편이 바람을 피운 사실을 알게 되었습니다. 남편은 그 문제에 대해 별다른 죄책감을 느끼지 않습니다. 남편은 평소에 J 씨를 존중하지 않고 단지 집안 살림을 해주고 아이들을 양육하고 며느리 역할만 잘할 것을 강조했습니다. 시댁은 잘난 남자에게 여자가 꼬이는 것은 당연한 일이라며 집안 시끄럽게 하지 말라는 입장입니다. 평소에도 J 씨의 시댁은 J 씨에게 갑질을 일삼아오던 터였습니다. J 씨는 남편에게 따지기도 하고 그 앞에서 울어도 봤으며 시댁에 가서 속상하다고 호소해보았지만 변한 것은 없습니다.

환상이 아니라 관계의 현주소에 집중하라

J 씨의 머리가 복잡한 것은 문제를 해결하는 데 있어 J 씨가 어떤 프레임을 미리 만들어놓고 접근했기 때문입니다. J 씨의 결론은 이렇습니다.

'이건 남편이 전적으로 잘못한 것이다. 그러니 남편은 나에게 진심으로 사과를 해야 한다. 시댁은 이 문제의 심각성을 인지하고 나를 다독여야 한다. 그러면 나는 남편에게 배신당한 힘든 마음이 서서히 풀릴 것이다. 원래대로 우리 가정은 화목하고 단란한 가정이 될 것이다.'

J 씨는 자신이 미리 짜놓은 시나리오에 부부 관계를 맞추려고 했습니다. 그러나 남편은 진심으로 사과를 하지 않았고, 시댁은 이 문제를 심각하게 생각하지 않았습니다. 그 결과, 남편에게 배신당한 J 씨의 힘든 마음은 그대로 남아 있습니다. 남편은 J 씨가 속상한 것을 전혀 이해해주지 않고 전과 다름없이 본인의 사회 생활과 직장 생활에만 관심 있을 뿐입니다. 상담 시 J 씨에게 이런 결혼 생활을 계속 유지하는 것이 무슨 의미인지 잘 생각해봐야 한다고, 이혼을 한다면 어떤 생활이 펼쳐질지 한번 가정해보자고 말했습니다.

J 씨는 이혼하면 남편에게 아이 한 명당 30~60만 원 정도의

양육비를 받을 수 있을 것 같다고 했습니다. 게다가 J 씨가 정년이 보장되는 공기업에 다니니 먹고사는 데 큰 문제는 없을 것 같다고 했습니다. 지금 사는 아파트를 남편과 반으로 나누면 어지간한 전세 아파트는 얻을 수 있을 정도고요. 지금까지 친정 부모님이 외손주들을 돌봐주셨으니 이혼 후에도 계속 도와주신다면 별다른 문제는 없을 것 같다고 얘기합니다. 그러면서 이렇게 자신을 존중해주지 않는 시댁에 나 혼자 며느리 도리, 아내 도리를 하고 사는 게 무슨 의미인지 모르겠다고 한숨을 쉬었습니다. J 씨가 원한 것은 나이 들어 남편과 손을 잡고 집 근처 공원을 산책하면서 오손도손 같이 늙어가는 소박한 모습이었는데, 남편과는 그런 미래가 그려지지 않는다는 말도 했습니다.

상담 후 J 씨는 바뀌었습니다. 더 이상 시댁에 "예, 예" 하던 며느리 역할을 그만뒀습니다. 아이들과 자신만 챙기면서 살기로 했지요. 주말에 가족여행을 가기로 했는데 남편이 회사 일로 바쁘다고 하면 아이들만 데리고 가거나 친정 부모님을 모시고 가서 시간을 보냈습니다. 이혼할지도 모른다고 생각하고 직장 일에 좀 더 신경을 쓰고 최선을 다했습니다. 그러자 남편과 시댁이 당황하기 시작했습니다. 당연히 J 씨가 이혼을 꿈꿀 거라고 생각지도 못했던 남편과 시댁은 이제 J 씨의 눈치를 보기 시작했습니다. 계산을 해보니 알았던 거지요. 이혼하면 양육권과 친권은 당연히 J 씨가 가지고 갈 것을요. 또한 남편이 두 자녀의 양육비를 대다 보면 재혼은 꿈도 못 꿀 처지가 될 거라는 것도요. 지금 J 씨는 남편과 시댁의 눈치를 보지 않고 자신의 삶을 열심히 가꾸고 있습니다. 그동안 왜 그렇게 눈치를 보고 살았나 모르겠다고 말하면서요.

'~해야만 한다'로
관계를 규정짓지 마라

어떤 결론을 내려놓고 거기에 자신의 삶을 뜯어 맞추다 보면 힘들 수밖에 없습니다. 특히나 그 결론의 중심이 타인이라면 생각대로 삶이 풀리지 않는 경우가 많습니다. 예를 들어 '내가 가정에 최선을 다해 아이들을 기르고 살림을 잘하면 남편이 바람을 피운 것을 반성하고 착실한 사람이 될 것이다' '내가 최선을 다해 부장님을 보필하면 나를 잘 이끌어주고 승진할 때 나를 밀어줄 것이다'와 같은 명제들입니다. 그리고 또 하나, 나의 가정이 뜻대로 이루어지지 않았을 때 펼쳐질 결과를 끔찍하게 생각합니다. '남편과 사이가 안 좋아져 다시 남편이 바람 피우면 나는 망한다' '내가 회사에서 승진하지 못하면 나의 회사 생활에는 미래가 없다' '우리 가정이 깨지는 것은 내 인생이 실패한 것과 같다' 등등 이런 명제들을 뒤집어쓰면서 스스로를 힘들게 합니다.

'~해야만 한다' 형태로 삶을 규정짓는 경우가 여기에 해당됩니다. 반드시 무엇인가를 해야 한다고 생각하는 것이지요. 관계에서도 마찬가지입니다. '내 가정을 꼭 지켜야 한다' '내 남편을 반드시 바로 잡아야 한다' 이런 명제들입니다. 또한 그 중간 단계로 '만약에, 그러면?'을 집어 넣기도 합니다. '내가 밤새워 열심히 일한다면 교수님의 인정을 받을 것이다' '내가 살을 빼고 예뻐진다면 남편이 나에게 돌아올 것이다'와 같은 식으로요. 이 중간 단계의 명제는 우리가 살아갈 때 흔하게 취하는 모습들입니다. 내가 무엇을 어떻게 잘한다면 타인에게 사랑받을 수 있을 거라 생각하는 것이지요. 이런 명제는 삶의 원칙이 되기 쉽습니다. 남들에게 호의를 못 받는 것은 비참한 일이라는 생각이 덧씌워지고, 그래서 항상 남들에게 친절해야 한다는 나만의 규칙이 만들어집니다.

인간관계 갈등을 해결할 때
열린 결말을 택해라

그러나 대인 관계의 명제들은 내가 어찌할 수 있는 게 아닙니다.

인간은 타인을 바꿀 수 없고, 타인의 삶에 관여할 수도 없습니다. 그래서 명제를 지키고자 하는 시도들은 대부분 실패로 끝날 가능성이 높습니다. 이런 불가능한 명제를 열심히 지키고 노력하는 이면에는 나에 대한 고정관념이 있습니다. '나는 사랑받을 수 없다' '나는 매력이 없다' '나는 버림받게 되어 있다' '나는 단점이 있어서 다른 사람들이 좋아하지 않는다' '나는 비호감이다'와 같은 부정적인 내면의 믿음에 귀를 기울이게 되는 것이지요. 이런 믿음은 절대적이고 당위적이며 융통성이 없어서 '핵심 신념(Core belief)'이라고 합니다.

핵심 신념은 잘 숨겨져 있다가 스트레스 상황에서 스스로에 대한 열등감이 올라올 때 같이 튀어나오는 경향이 있습니다. J 씨는 시어머니와 남편에게 무시를 당할 때 스스로 매력이 없는 비호감, 사랑받을 수 없는 사람이라고 생각하면서 열등감을 느꼈습니다. J 씨는 '이혼하면 내 인생은 실패한 것'이라는 생각도 강하게 가지고 있었지요. 그렇기 때문에 시어머니와 남편의 말도 안 되는 갑질에 순응하고 살았던 것입니다.

J 씨도 지금은 시어머니나 남편과 갈등을 일으키고 미움을 받더라도 세상이 끝나지 않는다는 것을 알게 되었습니다. 설사 이혼하더라도 결혼 생활의 실패이지, 내 인생의 실패가 아니라는 것도 깨닫게 되었습니다. 경제적으로는 지금보다 조금 힘들

어질 수 있지만 자신의 월급으로도 가정을 충분히 꾸릴 수 있다는 것도요. 그러면서 지금은 남편과 시어머니의 비합리적 갑질에 대한 불편한 감정도 표현하게 되었습니다.

J 씨가 얻은 것이 또 하나 있습니다. 바로 걱정과 불안이 줄어든 것입니다. 그전에는 '우리 남편은 왜 저럴까?' '우리 시어머니는 왜 저러실까?' '내가 뭘 잘못했는지 잘 모르겠는데 억울하다' '내가 어떻게 하면 남편을 바꿀 수 있을까?' 이런 생각들이 끊임없이 머리를 차지했는데 지금은 그렇지 않습니다. J 씨는 이렇게 스스로의 걱정과 생각으로부터 자유를 얻었습니다.

영화나 소설을 보면 닫힌 결말이 아닌 열린 결말로 끝을 맺은 작품들이 있습니다. 결말을 독자나 시청자의 몫으로 놔두겠다는 작가와 감독의 명확한 의도가 엿보입니다. 저는 인간관계의 갈등을 해결할 때 이 열린 결말을 제안합니다. 이혼도 할 수 있고 손절도 할 수 있다는 관계의 열린 결말을 여러 선택 중의 옵션으로 꼭 넣으실 것을 권합니다. J 씨가 '절대 이혼만은 안 된다'에서 '이혼도 하나의 선택'이라고 결심한 순간, J 씨는 더 이상 시댁과 남편의 횡포를 묵인하지 않게 되었습니다. J 씨가 배운 것은 과거의 자신이 이혼은 절대로 하면 안 된다고 생각했기 때문에 결국 스스로를 존중하지 못했다는 사실입니다. 나의 존중은 내가 지켜야지 남이 알아서 지켜주지는 않습니다.

멀티 아이덴티티의 삶을 살아라

현대인들은 너나 할 것 없이 피곤합니다. 일단 좋은 학벌과 직업을 갖는 것이 성공한 인생이라는 부모의 뜻에 발맞춰 살아가다 보니 내가 어떤 사람이며, 어떤 삶이 의미가 있고, 어떻게 살아야 행복한지 알아야 할 여유가 없습니다. 인간은 쓸데없는 생각을 하면서 철학도 논하고 예술도 감상하고 동시에 나의 자아도 찾아야 하는 법인데, 세상은 여러 가지 인생의 과제를 강요하며 그렇게 할 수 있도록 가만히 놔두지 않습니다. 우리는 그렇게 '남들 사는 것처럼 사는 것이 정답'이라 여기며 그냥 앞으로 나아갑니다. 이것이 현대인 대부분의 삶입니다.

진짜 내가 아닌 '타인이 원하는 나'로 살고 있다

30대 중반 A 씨는 남들이 바람직하다고 생각하는 인생 코스를 잘 밟아왔습니다. 공부를 잘해서 좋은 대학에 들어갔으며, 괜찮은 대기업에 들어가 안정적인 직장 생활을 하고 있습니다. 그런데 가슴이 답답하고 만사 다 귀찮고 도무지 왜 사는지 모르겠습니다. 어려서부터 부모님의 말을 잘 들은 모범생이었고, 주위 사람들과도 좋은 관계를 유지하면서 살아왔습니다. 그런데 사실 A 씨의 좋은 관계는 A 씨가 일방적으로 주위 사람들의 시선을 의식하면서 스스로를 연기한 결과로 이뤄낸 단지 갈등만 빚지 않는 무난한 관계였습니다.

A 씨의 SNS를 보면 남들이 경탄할 만한 예쁘고 아기자기하면서 고급스러운 취미 생활 콘텐츠로 가득합니다. 식물을 키울 때도 SNS를 의식해서 희귀한 식물이나 여러 소품들을 어울리게 배치해 사진을 찍을 때 예쁘게 보이는 식물을 선택해왔습니다. 그러다가 식물이 죽으면 바로 다른 식물을 사 와 '이번에 우리 집에 입양한 싱그러운 초록이 ×××' 같은 제목으로 SNS를 열심히 했습니다. 주변 사람들과 대부분 무난하게 잘 지내는 사이이기는 한데, 진정한 친구라고 할 만한 이는 없습니다. 그동안 A 씨는 이미지 메이킹을 위해 상황에 맞게 이러저러한 말을 해야겠다고

고민하면서 대인 관계를 맺어왔습니다. 경조사에 갈 때면 결혼하는 새신부나 상을 치르는 상주에게 무슨 말을 할지 적절한 말을 찾기 위해 인터넷을 검색해보고 사전 시뮬레이션을 한 후 참석했습니다.

이처럼 A 씨는 모든 상황에서 자신이 타인에게 좋은 모습으로 보여야 한다는 생각으로 가득 차 있습니다. 공감의 마음이 아니고, '내가 이런 상황에 이렇게 말하면 좋은 사람으로 보이겠구나' 하는 생각으로 사람을 대해 왔습니다. 사회적으로도 바람직하고 번듯하고 무난한 모습을 보이기 위해 연기를 해왔던 것이지요. 그러다 보니 사람들은 점점 A 씨가 보여준 모습들이 가식이고 사회생활을 위한 처신이라는 것을 알게 되었고 A 씨와 거리를 두게 되었습니다. A 씨는 사적 관계에서도 페르소나를 열심히 뒤집어쓰고 살았습니다. 사적인 영역에서 진심을 보여야 할 순간에도 직장 상사에게나 하는 감정노동을 하면서 살았던 것입니다. 많은 현대인들이 A 씨처럼 이렇게 페르소나를 뒤집어쓰고 살기 때문에 만사 피곤하고 기력이 빠지는 겁니다.

타인이 원하는 내 모습을 연기하는 나

'멀티 페르소나(Multi persona)'는 '다중적 자아'라는 뜻으로, 한 개인이 상황에 맞게 다른 사람으로 변신해 다양한 정체성을 표출하는 것을 말합니다. 예를 들면, 친구와 술을 마실 때, 회사에서 일을 할 때, SNS를 통해 나를 드러낼 때 다양한 가면을 쓰는 것을 말합니다.

'페르소나(Persona)'라는 단어는 분석심리학으로 잘 알려진 칼 융(Carl Gustav Jung)에 의해 심리학에서 널리 알려진 용어입니다. 융에 따르면, 페르소나는 환경에 적응하기 위해 집단적으로 주입된 생각이나 가치관을 취하면서 집단이 요구하는 역할에 순응하는 것을 말합니다. 인간이 태어나 사회 속에서 살아가면서 융통성 있는 적절한 페르소나가 발달하는 것은 필수적인 과정입니다.

그러나 현대인이 취하는 멀티 페르소나는 융이 말한 페르소나와는 다릅니다. 나를 잃어버리면서 외부에 맞춰서 타인들이 원하는 모습을 연기하고 꾸며내는 측면이 강합니다. 그런 면에서 방탄소년단의 〈Intro : Persona〉의 '내가 되고 싶은 나, 사람들이 원하는 나, 네가 사랑하는 나, 또 내가 빚어내는 나'라는 노래 가사는 의미심장하게 다가와 심장을 울립니다.

멀티 페르소나를 운영하기 위해 인간은 감정노동을 해야 합니다. 감정노동은 서비스업 종사자들이 고객을 응대하면서 하는 것이라고 생각하기 쉽습니다. 억지를 부리는 진상 고객에게 생글생글 미소를 지으며 친절함을 잃지 않고 응대하는 것을 말하지요. 속에는 짜증과 분노가 가득하지만 겉으로는 반가움과 염려스러움으로 포장하면서 실제 정서와 표현되는 정서의 부조화를 매 순간 경험하게 됩니다. 그래서 감정노동을 하는 직업군의 많은 사람들이 '스마일 마스크 증후군(Smile mask syndrome)' '번아웃 증후군(Burn-out syndrome)' '가면 우울증(Masked depression)' 등 정신장애를 갖게 될 가능성이 높습니다. 감정노동이 생계를 위해 필수불가결하게 해야 하는 행위라면, 현대인은 멀티 페르소나를 운영하기 위해 아무도 시키지 않았는데도 사적인 영역에서 감정노동을 스스로 열심히 하면서 살고 있습니다.

공적 영역에서 페르소나를 뒤집어쓰고 감정노동을 하게 될 경우, 스트레스를 받으면서 나의 감정이 소진되고, 나의 에너지가 번아웃되고, 때로는 나의 직업에 대한 자괴감이 올라오는 것이 문제라면 사적 영역에서는 또 다른 문제를 만들어냅니다. 바로 내가 어떤 사람인지 알 수 없다는 것입니다. A 씨는 "내가 어떤 사람인지 모르겠어요. 어떤 내가 진짜 나인지 모르겠어요"라고 말했습니다. 방탄소년단의 노래 〈Intro : Presona〉 속 '나는 누구인가 평생 물어온 질문 아마 평생 정답은 찾지 못할 그 질문'이라는 가사의 주인공이 된 것이지요.

멀티 페르소나 대신
멀티 아이덴티티를 키워라

제 경우를 예로 들자면, 저는 멀티 페르소나의 힘겨운 사적 감정 노동은 전혀 하지 않습니다. 어떤 모습을 꾸며서 타인을 향한 코스프레를 하지 않습니다. 가끔 페르소나를 뒤집어쓸 때가 있다면 가고 싶지 않지만 가야 하는 공적인 모임을 갈 때뿐입니다. 이때도 그냥 눈에 안 띄는 구석진 자리에 가만히 앉아서 밥만 열심히 먹다 옵니다. 누가 말을 걸면 대답해주고 상대방의 근황을 물어봅니다. 이 정도가 제가 해낼 수 있는 페르소나의 최선입니다.

SNS는 아예 하지 않으며, 그나마 찍는 개인 유튜브에서도 말실수를 하거나 긴장을 해서 심하게 눈을 깜박거려도 다시 찍기 귀찮아 그냥 내보냅니다. 유튜브 촬영에 쓸 수 있는 시간은 한 달에 한 번씩 두 시간 정도뿐이고, 그 시간 안에 무조건 두 편을 찍어야 해서 빨리 서둘러야 하기 때문이기도 합니다. 머리가 뻗쳐 있거나 화장이 들뜨더라도 그게 평소 나의 모습이고, 연예인도 아닌데 굳이 예쁘게 보일 필요는 없다고 생각해 개의치 않고 그냥 동영상 촬영을 합니다. 제 유튜브 채널은 지식 다큐멘타리나 역사 스페셜처럼 정보 전달의 목적이 강할 뿐이지, 저라는 인간 자체를 보기 위해 찾는 사람은 극소수이기 때문에 특별한 꾸밈이 필요없다고 생각하기 때문이기도 하지요.

이렇게 멀티 페르소나를 유지하려는 힘겨운 노력을 하지 않아서 보존된 에너지는 제 '멀티 아이덴티티(Multi identity)'를 운영하는 데 적극 사용됩니다. 제 '본캐'는 정신과 의사지만 '부캐'는 작가입니다. 본캐와 부캐 또한 멀티 페르소나와 비슷한 의미로 사용되고 있는 단어이지만 의미는 다릅니다. 페르소나가 남들 앞에서 쓰는 가면이라면 본캐와 부캐는 스스로 자각하며 순간 일체가 되는 자신의 아이덴티티를 말합니다. 페르소나를 뒤집어쓰기 위해서는 내가 아닌 다른 모습을 꾸며내야 해서 에너지가 소진되지만 아이덴티티는 그 자체가 내가 되기 때문에 이를 즐기면서 오히려 에너지를 충전할 수 있습니다.

작가로 사는 삶을 위해 심리학 공부를 열심히 하고 남이 쓴 책도 종류를 안 가리고 열심히 읽습니다. 워킹맘이라 아들과 많은 시간을 함께하지 못하는 미안함이 있기에 주말에는 타인과의 약속을 잡지 않습니다. 아들과 근처 공원의 호숫가에서 산책을 하며 엄마로서의 역할을 기꺼이 즐깁니다. 물론 본캐로서의 정신과 의사 생활도 좋아합니다. 정신과 의사로의 삶은 생계 유지 수단을 넘어 사회 참여와 개인적 성장의 영역까지 닿아 있습니다. 내가 잘할 수 있는 분야만 진료하리라는 나름의 소신이 있어서 소아와 노인 환자는 보지 않고 철저히 젊은 성인들 위주의 진료를 하고 있습니다. 의문스러운 환자 사례가 있으면 책도 찾아보고 논문도 찾아보며 나름대로 의문점을 해소하려고 노력합니다.

직장인이 좋아하는 불금이 되면 저 또한 예외가 아닙니다. 가끔은 집에서 맥주나 와인을 즐기며 혼자만의 시간을 갖지요. 그 영역은 다양합니다. 혼자 노래를 부르며 춤을 주는 것부터 시작해 19금 영화도 보고 판타지 소설도 보면서 나만의 세계에서 유희를 즐깁니다. 사실 제가 하고 싶은 진정한 부캐는 전업 판타지 소설 작가입니다. 방대한 세계관과 다양한 캐릭터들, 촘촘하게 짜인 플롯과 때로 은밀히 숨어 있는 복선과 메타포를 열심히 찾아봅니다. 그런 작품을 볼 때마다 '정신과 의사를 그만둬야 판타지 소설 전업 작가가 될 수 있을 텐데' 하면서 혼자 홀짝홀짝 와인을 마십니다. 그러면서 아들이 좀 크고 시간 여유가 나면 소설 작법을 알려주는 온라인 클래스를 수강하리라 꼭 다짐합니다. 이 시간은 온전히 나 혼자 혹은 가족과 함께 웃고 즐기며 떠드는 나의 또 하나의 세상입니다.

남을 위한 페르소나가 없는
즐거운 인생

30대 후반 B 씨는 하루하루 삶이 바쁘고 즐겁습니다. B 씨는 동시통역사 직업을 가지고 있고 모 대통령의 해외 순방에도 동행한 능력자입니다. 지금은 유치원에 다니는 아이를 키우고 있어서 일을 적당히 조절하면서 하고 있지만, 아이가 초등학교 고학년만 되면 본격적으로 일을 열심히 해볼 생각입니다. 대학을 졸업하고 교사로 근무하다가 지금의 남편을 만나 결혼하게 됐는데, 원하던 교사로 일해보니 생각과 달리 적성에 맞지 않았다고 합니다. 그래서 교사를 그만둔 후 외국에서 살았던 경험과 어학에 남다른 재주가 있는 데 주목해 동시통역사를 하게 되었습니다. 지금 하는 동시통역사 일이 보수도 좋고 대우도 좋아 지극히 만족스럽다고 B 씨는 말합니다.

또한 B 씨는 온라인 게임계에서 알아주는 능력자입니다. 주말이면 아이를 재우고 남편과 각자의 컴퓨터에 매달려 게임을 즐깁니다. 판타지 소설 작가로서 모 플랫폼에 글을 연재하기도 합니다. 아이가 조금 큰 뒤에는 본격적인 작가의 길을 걷겠다고 꿈꾸면서요. B 씨는 채식주의자이기도 합니다. 남편이나 아이에게는 강요할 수 없지만 적어도 본인은 그렇게 살고 있다며, 20대 초반부터 채식주의자로 살기로 결심하게 된 자신의 에피소드를 들려주기도 했습니다.

B 씨는 본인의 공적인 삶이든 사적인 삶이든 남을 위해 뒤집어쓴 페르소나가 없습니다. 매 순간 자신의 정체성을 바꾸어가며 그때 그때를 즐길 뿐입니다. 동시통역사로, 아마추어 게이머로, 웹소설 작가로, 채식주의자로서의 멀티 아이덴티티가 B 씨 자체이고 그녀의 인생입니다.

남을 위한 페르소나를 벗어버릴 때
진짜 행복을 만난다

진짜 자아가 없이 살아온 삶에 이어, 여러 개의 페르소나를 뒤집어쓰고 내가 누군지도 모르는 삶을 살게 되니 인생은 더욱더 의미 없고 공허해집니다. 멀티 페르소나를 뒤집어쓰고 사는 A 씨와 멀티 아이덴티티의 삶을 살고 있는 B 씨의 삶은 이처럼 극과 극으로 다릅니다. A 씨가 타인의 시선을 의식하고 사는 사람이라면 B 씨는 충실히 자신의 인생을 사는 사람이지요. A 씨가 진정한 자기의 모습이 뭔지 모른다면 B 씨는 정확한 자신의 본캐와 부캐를 잘 아는 사람입니다. A 씨가 멀티 페르소나를 유지할

수록 지치고 소진되는 반면에 B 씨는 멀티 아이덴티티를 유지하면서 에너지가 채워지고 세상을 살아갈 힘을 얻습니다. A 씨의 삶이 점점 무의미해지고 공허해지는 반면 B 씨의 삶은 여러 다양한 콘텐츠로 꽉 차고 충만해집니다.

융은 페르소나를 뒤집어써야 하는 인생 전반기를 지나 인생 후반기에 가면 자아와 페르소나가 분리되어야 한다고 말했습니다. 자신의 진정한 개성과 페르소나가 다른 것임을 깨닫고 자기 자신의 내면 세계로 눈을 돌려서 진짜 자신의 모습을 찾아야 한다고 말입니다. 적어도 사적인 영역에서라도 멀티 페르소나를 벗어던지고 멀티 아이덴티티의 삶을 살아봅시다.

남 탓? 상황 탓? 내 탓?
객관적으로 파악하는 법

남 탓이나 상황 탓만 하는 경우, 정작 나를 들여다보지 못하게 됩니다. 그래서 우리는 어떤 원인을 찾을 때 객관성을 가져야 합니다. 어떤 때는 순전히 남 탓일 수 있고, 어떤 때는 순전히 상황 탓일 수 있고, 어떤 때는 순전히 내 탓일 수 있지요. 상황이 복잡하게 얽혀 있을 때는 타인과 세상, 나 자신이 다함께 섞여 있기도 합니다. 그것을 구별하고 분리해내며, 무엇이 문제인지 정확히 파악하고, 해결을 위해 어느 부분을 노력할 것인지 알아내는 것은 인간이 가진 큰 능력입니다.

남 탓, 상황 탓, 내 탓을 구분 못하면 인간관계가 힘들다

인간관계가 힘든 사람들은 타인과 세상, 나 자신을 제대로 파악하지 못한 경우가 많습니다. 나에게 잘못이 있는 경우에 남 탓을 하며, 남이 일으킨 문제에 내 탓을 합니다. 특수한 상황이어서 어쩔 수 없이 벌어진 문제임에도 불구하고 내 탓을 하거나 남 탓을 해버리는 잘못을 하기도 하지요. 그렇게 어긋난 인간관계는 나의 삶에 부정적인 결과를 만들어냅니다. 세상 사람들과 맺는 그 어떤 관계도 힘들다는 생각이 들고요. 나의 미래 또한 힘들게 흘러갈 거라 믿어 의심치 않습니다.

이렇게 생각하면 결국 겉으로 드러내지 않더라도 스스로 뼛속까지 부정적인 사람이 되어버립니다. '저 사람도 나를 싫어할 거야' '내가 그렇지 뭐' '내 인생은 원래 이렇게 힘들었어. 앞으로도 좋은 일은 없을 거야' 더 나아가 '내가 이리 살아가야 할 이유가 뭐지' 하는 나 자신의 정체성과 실존에 대한 의문까지 나아가게 됩니다. 커다란 공항에 부모 없이 던져진 일곱 살짜리 아이처럼 이 세상을 살아 나갑니다.

타인이 어떤 사람인지 모르겠다는 것은 내가 어떤 사람인지 모르겠다는 말과 동의어입니다. 내가 나를 아는 만큼 타인이 어떤 사람인지 보이며, 세상이 어찌 돌아가고 있는지 이해되기 때문입니다. '내가 몇 살이고 어디에 살며 어떤 직장을 가지고 있는가' 하는 객관적 사실을 모르는 것이 아닙니다. '내가 어떤 삶을 살아야 하는가' '나에게 어떤 삶이 행복한 삶인가' 하는 나 자신의 근원적 실존에 대한 질문에 답할 수 없는 것입니다. 세상 살기 고달프고, 앞으로의 삶에 대한 긍정적인 모습이 그려지지 않으며, 그로 인해 불안에 빠지게 됩니다. 끊임없이 나와 타인과 세상을 고민하지만, 도돌이표 고민일 뿐이지요. 제대로 초점을 맞춰 고민하지 않았기 때문에 같은 문제가 반복됩니다.

기계에 비유하자면, A 파트를 고쳐야 하는데 B 파트를 손보고, C 파트를 고쳐야 하는데 A 파트를 손보는 격입니다. 그냥저냥 기계가 돌아가기는 하지만 자주 멈추고, 생산된 제품의 불량률이 높지만 그냥저냥 제품이 생산됩니다. 그것을 보며 이 기계는 원래 불량률이 이만큼은 나오는 기계라고 합리화하는 것이지요. 근본적인 문제를 찾아서 해결할 생각은 못 하고 그냥 유지하는 상황입니다. 게다가 돈이 없어서 최상품 기계를 못 산 내 처지를 한탄하면서 제품을 생산합니다.

어떤 관계에서든 객관적인 시선을 잃지 마라

그래서 감히 말씀드리고 싶습니다. 만사 부정적인 사람들의 반대는 만사 긍정적인 사람이 아닙니다. 바로 '어떤 상황이든 객관적일 수 있는 사람'입니다. 만사 긍정적인 사람들의 반대말 또한 만사 부정적인 사람이 아니라 객관적인 사람입니다. 만사 긍정적인 사람들은 얼핏 듣기로는 좋아 보이나 때로는 상황을 회피하고 내가 보고 싶은 것만 보는 사람일 수 있습니다. 예를 들어, 자신의 성적을 고려하지 않고 열심히 노력하면 서울대에 꼭 갈 수 있을 거라고 생각하며 5수하는 수험생이나 자신의 객관적인 실력을 고려하지 않고 수년씩 고시 준비를 하는 고시생 같은 경우입니다. 노력하면 좋은 결과를 얻을 거라는 희망을 가지고 객관을 무시하는 무조건적인 긍정성을 가지게 된 경우이지요.

20대 중반 B 씨는 얼마 전 병원에 취직했습니다. 개인 의원에 취직했는데 원장님이 '자기애성 인격 장애'가 있는 사람이었습니다. 사소한 실수에도 마구 소리를 지르기 일쑤였지요. 피치 못할 사정이 있어 원하는 대로 진료 세팅이 돌아가지 않으면 직원들을 째려봅니다. 그 눈초리에는 경멸과 혐오의 시선이 가득 담겨 있습니다. 말도 안 되는 환자들의 과한 요구도 직원들이 어지간하면 다 맞추어야 한다고 요구합니다. 그래서 병원에는 진상 환자들이 넘쳐납니다.

손이 빠르고 꼼꼼한 B 씨는 일도 금방 배우고 센스도 있어 환자들과도 잘 소통하는, 능력 있는 직원이었습니다. 그러던 어느 날 초음파를 보는 공간의 전등불을 원장님이 원하는 시간보다 조금 느리게 껐다는 이유로 막말과 쌍욕을 들었습니다. 점심시간에 우는 B 씨를 다른 동료들이 위로해주었지요. 그 정도 욕먹은 것은 아무것도 아니라며, 원장님이 진짜 화가 났을 때는 물건도 집어 던지는데 그 정도는 아니었으니 그리 상심하지 말라는 위로였습니다.

B 씨는 동료들의 말이 하나도 위로가 되지 않았습니다. 작은 실수에도 막말과 쌍욕을 듣는 직장에서 돈 때문에 어쩔 수 없이 일해야 하는 자신에 대한 자괴감이 들었습니다. 일을 시작했을 때 핀잔을 듣거나 욕을 들으면 자신이 초보라서 서툴러서 그런다고 생각했습니다. 열심히 노력하면 일도 숙련돼서 욕을 듣는 일이 없을 거라고 생각했습니다. 나는 왜 이리 눈치가 없고 일을 못할까 자책도 많이 했습니다. 그러나 서너 달 일해보고 나니 자신이 문제가 아니라는 것을 깨달았습니다.

B 씨가 직장을 알아볼 당시, 이 병원은 환자들에게는 원칙도 없고 제한도 없이 과하게 친절하기에 평이 매우 좋았습니다. 지

역 유지이자 원로로서 봉사 활동을 많이 하는 원장님은 인품이 좋기로 유명했고, 주위 다른 병원에 비해 월급을 월등히 많이 주는 곳이어서 이 병원을 선택했습니다. 그러나 직접 일하면서 본 원장님은 겉모습과 실제 속내가 많이 다른 사람이었습니다. 많은 월급은 시도 때도 없이 부리는 원장님의 신경질과 화를 감당하는 대가였습니다. 원장님은 개인적인 이유로 심기가 불편하거나 시술이 마음대로 안 될 경우 직원 탓을 하면서 직원을 쥐 잡듯이 잡았습니다. 즉, 그는 남 탓을 하면서 스스로 성찰하지 못하는 사람이던 것이지요. 처음에 B 씨는 스스로를 탓했으나 지금은 남 탓, 즉 원장님이 문제라는 것을 인식하고 직장에 사직서를 냈습니다

나, 타인, 상황을 각각 철저히 분리하라

만일 B 씨가 남 탓을 하지 않고 스스로를 탓했더라면 문제가 해결되지 않고 제자리에서 같은 고민을 하면서 뱅뱅 돌았을 겁니다. '나는 왜 직장에 출근하기가 이리 싫을까?' '내 인생은 왜 이리 안 행복하지?' '나는 왜 이리 일을 못하나?' '왜 나는 이런 욕을 들으면서 먹고살기 위해 직장을 다녀야 하나?' 등등의 고민들 말

입니다. 반대로 B 씨가 일했던 병원의 원장님은 남 탓을 하기 전에 스스로를 돌아봐야 합니다. '내가 부인과 싸워서 심기가 불편한 상태로 출근했는데 직원의 사소한 실수에 과하게 반응했구나' '왜 나는 내 뜻대로 안 되는 상황에 분노가 치미는 것일까?' 이런 고민을 해야 합니다.

B 씨가 사직서를 낸 병원은 지금도 그 지역에서 여전히 유명세를 떨치며 승승장구하고 있습니다. 여전히 남 탓 하는 원장님과 '내 탓이요. 내 탓이요. 모두 내 탓이로소이다'를 외치는 직원들이 맞물려서 말입니다. 직원 탓을 하는 갑질 진상 환자가 가득하고, 역시 '내 탓이요'를 외치는 직원들이 이들에게 부드럽게 응대하기에 '대박 병원'다운 면모가 돋보입니다. 원장님과 갑질 진상 환자의 감정 쓰레기통 역할을 하는 대가는 두툼한 월급봉투로 보상되고요. 정당한 남 탓을 하지 못하는 직원들은 원장님과 환자들에게 '이건 당신의 잘못'이라고 외치지 못합니다.

B 씨가 사직을 결정하는 데 도움을 준 것은 원장님이 아닌 직장 동료들이었습니다. 원장님의 과한 막말과 욕설을 후한 월급으로 보상 받으면서 옳고 그름을 판단하지 못하는 동료들의 모습이 훗날 나의 미래가 될 거라는 생각이 들자 정신이 번쩍 들었습니다. 나와 타인과 상황에 대한 합리적이고 객관적 판단이 아닌, 원장님의 심기가 곧 법이라는 직장 분위기를 B 씨는 견디

기 어려웠습니다. 많은 월급에 희희낙락하는 직원들과 달리, B 씨는 나라는 주체가 없어지고 원장님의 입맛에 맞는 직원의 모습으로만 스스로가 존재하는 삶을 살기 싫었습니다. 그러면 점점 자신이 어떤 사람인지 생각하지 못하고 알지 못하는 삶을 살아 나가게 되겠지요.

내가 노력하면 정당한 보상을 받고, 내가 잘못하면 그만큼 손해를 보는 세상이야말로 합리적이고 공정한 세상입니다. 그런 세상에서는 예측 안에서 나의 삶을 예쁘게 꾸릴 수 있습니다. 기계의 A 파트가 고장나면 A 파트를 고쳐야만 기계가 원활하게 돌아가는 세상이기 때문이지요. B 파트가 문제임을 알고도 B 파트를 고치지 않으면 기계가 삐거덕거리며 돌아갈 것이 예상되는 세상이기도 합니다. 그래서 우리는 내 탓을 할 때와 남 탓을 할 때, 상황 탓을 할 때를 명확히 구분해야 합니다. 근본적인 해결을 해야만 노력한 만큼 보상이 주어지는 합리적이고 공정한 세상에서 살 수 있습니다.

자기 연민으로부터
벗어나라

40대 중반 W 씨는 아내 때문에 힘듭니다. 아내는 어린 시절에 부모의 사랑을 받지 못하고 자랐습니다. 아내는 사회생활을 시작하면서 직장에서 만난 자상한 W 씨와 20대 중반에 이른 결혼을 하게 됩니다. 자신의 과거를 알고 감싸주는 W 씨에게 아내는 많은 위안을 받았습니다. 부모에게 받지 못한 사랑을 남편 W 씨에게 받을 수 있으리라 기대하는 아내는 W 씨에게 요구하는 것이 많습니다. 경제적인 부분은 부부 공동의 책임이 아니라 남편 혼자의 몫이라고 생각합니다. W 씨가 실직하자 어떻게 살아야 하냐며 남편을 원망했습니다. 사소한 일에도 감정이 격해져 남편에게 악다구니를 씁니다. 어렸을 적 자신의 부모님이 싸우던 방식 그대로 W 씨에게 화를 냅니다.

나는 불쌍한 사람이야.
그러니까 네가 이해해

엄마를 때리던 아빠, 그런 아빠에게 핏대를 올리며 받아치던 엄마, 서로 손에 잡히는 물건을 그대로 던져버리면서 머리를 붙잡고 멱살을 쥐어뜯던 부모의 모습을 보고 자란 아내는 자신의 불편한 감정을 타인에게 세련되게 말하는 법을 배운 적 없습니다. 소리를 지르고 화내는 것이 타인과의 불편한 감정을 표현하는 유일한 의사소통 방법이었습니다. 화목한 가정에서 자란 W 씨는 아내의 이런 행동에 진저리가 쳐집니다. W 씨의 부모님은 상대방을 배려하면서 해야 할 말을 먼저 고른 다음에 입밖에 내는 분이십니다. 며느리의 힘든 과거사를 알고도 우리 집안에 잘 왔다며 따뜻하게 감싸주신 인성 좋은 분들이십니다. 모든 집안일은 항상 두 분이 의논해서 결정했고, 지금도 금슬이 좋아 주말이면 같이 등산을 다니고 여행을 다니십니다.

W 씨는 힘들게 자라온 아내가 불쌍한 마음에 빠르게 결혼을 결정했고, 본인이 사랑으로 감싸 안으면 아내의 상처가 치유될 거라고 생각했습니다. 그러나 아내의 요구 사항은 계속 늘어날 뿐이며, 그 요구 사항이 좌절될 때면 남편에게 화를 내고 소리를 지릅니다. 차분히 얘기를 하면서 타협하지 못합니다. 아내는

W 씨가 일방적으로 자신에게 맞춰줄 것을 요구합니다. 남편이 자신의 의견에 동조하지 않으면 자신을 사랑하는 것이 맞느냐며 사랑 타령을 합니다. 어린 시절에 받은 상처 때문에 이러는 것인데 그것도 이해해주지 못하냐며 W 씨를 몰아세웁니다. 아내는 힘들었던 과거를 생각하며 부모를 원망하고, 그것을 이해해주지 못하는 남편에게 서운해합니다.

아내와의 관계가 힘들기만 한 W 씨는 이혼을 심각하게 고려하기도 했습니다. 아내는 본인의 행동이 W 씨를 힘들게 한다는 것을 잘 알고 있으나 자기도 모르게 그렇게 행동하게 된다며 어쩔 수 없다고 말합니다. 어린 시절에 부모가 사랑해주지 않은 자신은 남편에게도 버림받을 팔자라며 W 씨의 죄책감을 자극합니다.

현재 나의 모습은 과거의 나로부터 축적되어온 결과물입니다. 그 과정에서 힘든 일도 있고 좋은 일도 있었을 겁니다. 부모나 혹은 의미 있는 타인으로부터 받은 영향은 절대적입니다. 나의 어두운 부분인 열등감도 내 속에 숨어 있습니다. 이를 칼 융은 '그림자'라고 말했습니다. 누구나 남에게 들키기 싫은 그림자 한두 개쯤은 마음 깊숙이 가지고 살고 있습니다. 타인과의 관계에서 성숙한 사람들은 어두운 과거를 굳이 남에게 보여주지 않습니다. 내가 이런 트라우마를 겪어서 어떤 면에서 꽈배기처럼 배배 꼬인 면이 있다는 것을 알고 있고, 그런 면을 타인에게 투사하면 안 된다는 것도 잘 알기 때문입니다. 어두운 과거의 그림자가 만들어진 것은 내 책임이 아닐 수도 있습니다. 그러나 이를 타인에게 흩뿌리며 힘들게 하는 것은 나의 책임입니다. W 씨의 아내는 본인의 힘든 과거를 남편에게 이해해줄 것을 요구합니다. 힘든 과거는 부모 탓이고 힘든 현재는 남편 탓이라는 생각으로만 꽉 차 있는 것이지요. 남편이 사랑해주지 않기 때문에 자신의 삶이 불행한 거라며 남편에게 사랑을 조르고 있습니다.

성숙한 사람들은 과거를 남에게 보이지 않는다

W 씨의 아내뿐만 아니라 우리 모두는 나도 모르게 나의 과거를 타인에게 들키며 삽니다. 타인을 향한 부정적인 감정이 부적절하게 증폭되어 나타나는 경우, 과거로부터 비롯된 감정이 90%를 차지하고 현재에서 비롯된 감정은 10%밖에 안 됩니다. 예를 들어, 회사에서 상사에게 야단을 맞을 때 예전에 부모에게 야단맞았던 당시로 돌아가 상사에게 격노하게 되는 게 그런 경우입니다. 상황과 맥락상 분명히 내가 잘못한 일이 있고 상사도 해야 할 말을 했을 뿐인데 그건 제대로 보이지 않습니다. 단지 내가 타인

에게 비난받는 스트레스 상황이라는 것만 선택적으로 보입니다.

이때, 상사의 꾸지람은 기억하고 싶지 않은 과거의 한 자락을 떠오르게 하면서 나의 과거가 나의 현재에 침습하게 됩니다. 과거에는 내가 힘이 없어 화를 내지 못했으나 지금은 과거의 몫까지 더해 현재의 상대방에게 화를 내게 됩니다. 누군가에게 부적절하게 과한 부정적인 정서를 보인다면 이렇듯 과거의 반응과 현재의 반응을 한번 되돌아보고 구별해야 합니다. 과거의 내가 종로에서 뺨을 맞고 현재의 내가 한강에서 눈을 흘기고 있는 격이 될 수 있기 때문입니다.

과거에 힘들었던 일이 많았으며 그 정도가 심했을 경우, 이런 경향은 더 많이 나타납니다. 힘든 경험에 대한 공포나 불안의 반응이 머릿속 '편도체(Amygdala)'에 깊숙하게 학습되기 때문입니다. 그래서 중립적인 자극 또한 유해한 자극으로 인식되어 편도체가 과활성화됩니다. 편도체는 뇌 측두엽의 심부에 있는 아몬드 모양의 구조물로 공포 반응을 인식해서 위험에 대비하게 하는 기능을 가진 뇌의 기관입니다. 편도체는 점진적으로 학습하며 점점 더 민감해져서 유사 반응에 빠르고 강렬하게 반응을 합니다.

대인관계의 힘든 경험은 상황과 맥락에 따른 적절한 변별 반응을 손상시키고, 동시에 민감해진 편도체의 반응은 부적절한

과잉 반응을 불러옵니다. 그래서 우리는 나도 모르게 나의 과거를 들키면서 나의 삶을 꾸려 나갑니다. H 씨 또한 마찬가지였습니다.

나의 부적절한 감정은 내가 해결할 문제

30대 중반 H 씨는 성공한 커리어우먼입니다. 그러나 H 씨의 과거는 험난했습니다. 초등학교 때부터 집안일을 하고 고등학교 때부터 아르바이트를 하는 등 철이 든 이후 일을 쉬어본 적이 없었지요. 대학을 졸업하고 대기업에 취직해서 현재는 직장에서 승승장구하고 있습니다. 회사 내 동아리에서 U 씨를 알게 되었는데, 사실 H 씨는 U 씨가 불편하고 싫습니다. U 씨는 성격이 무난해서 누구에게나 밝고 친절하게 대했습니다. 누군가 U 씨에게 어떻게 자기 관리를 했기에 이렇게 날씬하고 예쁘냐고 칭찬하자 U 씨는 밝게 웃으며 "감사합니다"라고 답했습니다. 그 모습을 본 H 씨는 자신과 너무 다른 모습에 놀랐습니다. 날씬한 몸매에 호감형 얼굴을 가진 H 씨 또한 비슷한 질문을 받았는데, 그때 H 씨는 "아유, 아니에요. 제가 뭐 날씬해요? 저보다 날씬한 사람들 많아요"라고 답변했던 것이죠.

아르바이트를 하면서 사장들에게 막말과 욕설을 들은 기억, 아르바이트비를 떼여서 노동청에 신고한 기억 등 H 씨의 과거는 힘든 일들로 점철돼 있습니다. H 씨의 삶은 스스로 가치 있는 존재라는 생각을 갖기 힘든 삶이었습니다. 그러면서 사람들이 가진 것 없는 자신에게 친절할 리 없다는 세상의 이치를 깨달았습니다. 타인들의 사심 없는 칭찬은 '나에게 왜 저렇게 말도 안 되는 소리를 하지?' '나에게 뭐 바라는 것이 있나?' 하는 불신의 마음을 먼저 들게 합니다. 그 결과, 누군가의 사심 없는 칭찬을 있는 그대로 받아들이지 못하게 되었습니다.

　반대로 U 씨는 화목하고 유복한 가정에서 아낌없이 사랑을 받으며 자랐습니다. U 씨에게 힘든 기억이라곤 원하는 대학에 떨어져서 재수했던 기억, 대학에 다닐 때 밤늦게 친구들과 노느라 집에 연락을 안 했다가 엄마의 잔소리를 잔뜩 듣고 등짝을 한두 대 얻어맞은 기억, 남자 친구와 헤어지고 괴로워했던 기억, 취업이 어려워서 마음고생을 하면서 취업문을 두드렸던 기억 등등 그 나이 또래들이 겪을 만한 평범한 기억이 전부입니다.

　배배 꼬인 구석을 열심히 감추며 살고 있는 H 씨와 배배 꼬인 구석 자체가 없는 U 씨의 삶의 콘텐츠는 이렇게 다릅니다. H 씨는 U 씨가 좋은 집에서 태어나 무난하고 평탄한 길을 걸어온 것이 부러웠습니다. 힘든 일 없이 크게 노력하지도 않았는데 자신과 비슷한 수준의 명문대를 나오고 대기업에 다니며, 유복한 환경에서 자란 좋은 남편을 만난 U 씨가 H 씨는 부럽기만 합니다. 누군가가 U 씨에게 사심 없이 예쁘다는 칭찬을 했을 때 H 씨는 20대 때 아르바이트비를 조금 더 주면서 성추행을 일삼던 사장이 떠오르며 서러움이 몰려왔습니다. 나의 힘든 과거가 나의 현재에 침습하면서 나의 오롯함을 방해하는 것이지요. U 씨와의 관계에서도 오롯함을 방해받습니다. U 씨의 일거수일투족을 끊임없이 자신과 비교하기 때문이지요. 그러다 보니 U 씨가 속해 있으면 그 모임이 재미없고 모임에 다녀오면 진이 빠집니다.

그러나 H 씨는 U 씨를 향한 부적절한 감정이 오로지 본인의 문제라는 것을 잘 아는 성숙한 사람입니다. 아무 잘못이 없는 U 씨를 향한 비호감의 감정이 U 씨 탓이 아닌 자신의 힘든 삶에서 기인한 감정이라는 것을 알기에 남들에게 티를 안 내려고 노력했습니다. 그러던 와중에 모임에서 어떤 일이 벌어져서 H 씨가 억울하게 힘든 상황이 되었습니다. U 씨는 별로 친하지도 않은 H 씨를 적극적으로 변호해주었고, 많은 사람들의 오해가 풀리는 데 결정적인 역할을 했습니다. 그 일을 계기로 H 씨는 U 씨에 대한 불편한 감정이 많이 줄어들었습니다. 회사 휴게실에서 단둘이 있는 자리에서 진심으로 자신을 걱정하는 U 씨의 모습에 H 씨는 마음의 빗장을 풀었습니다. 지금은 H 씨는 딸을 낳으면

U 씨 같이 구김살 없는 사람으로 키우면 좋겠다고 편하게 말합니다. 본인처럼 고단하고 힘든 삶을 살게 하고 싶지 않으며, 남을 배려하는 좋은 성품의 U 씨가 진심으로 부럽다면서요. 예전에는 U 씨가 어떤 말을 할 때 내심 '부잣집 딸로 고이 자라서 저렇게 현실감각 떨어지는 말을 하나?' 생각했는데, 이제는 더 이상 그런 생각이 들지 않습니다.

상처를 성장으로 바꾸는 힘

반대로 힘든 상처와 좌절을 겪은 후에 어떻게 살아야 하나 고민하면서 삶의 성장과 발전을 가져온 사람들도 있습니다. 이들은 힘든 외상을 겪었지만 과거에 안주하지 않았습니다. 과잉된 편도체의 농간을 스스로에게 허락하지 않은 거지요. 자기 자신에게 몰입해 상황을 곱씹지도 않았습니다. 타인을 향해, 세상을 향해 손을 뻗으며 자신의 상처를 소극적으로 들키는 대신 적극적으로 당당히 드러냈습니다.

우리는 그들을 '슈퍼 서바이버(Super survivor)'라 부릅니다. 교회에서 자신의 상처를 어떻게 극복했는지 간증하며 타인의 성장을 응원하는 사람들이나 과거의 견디기 힘든 상처를 드러내면서 현재의 삶을 이루기 위해 어떻게 노력했는지 강연에서 설파하는 사람들도 슈퍼 서바이버에 해당됩니다. 그런 상처는 대인 관계에서 생긴 힘든 외상이거나 예상치 못한 사고로 의미 있는 누군가를 잃어버린 경우가 대부분입니다.

우리 모두가 위대한 슈퍼 서바이버가 되지는 못합니다. 그러나 적어도 상처를 성장으로 바꿀 힘은 가지고 있습니다. 그러기 위해서는 자기 연민에 빠지지 않아야 합니다. 내가 불쌍한 사람이라는 자기 연민은 내 주변에 악당을 만들어냅니다. 착하고 힘없는 나와 나쁘고 힘이 센 악당의 구조는 비극의 서사를 만들어내고 그 서사를 곱씹게 됩니다. 그 서사에 사로잡히면 앞으로 나아갈 힘을 얻지 못하고 그 자리에서 뱅뱅 돌면서 그 슬픈 서사만 곱씹고 곱씹으며 힘들게 사는 나의 삶에 정당성을 부여하게 됩니다.

게다가 새드 엔딩 영화가 주는 묘한 중독성이 있습니다. '과거의 어느 시점에 다른 방향으로 선회했더라면 새드 엔딩으로 끝나지 않았을 텐데'라는 생각을 계속하게 됩니다. 격하게 올라온 슬픈 감정은 내가 살아 있다는 느낌을 주어서 그 순간만큼은 감정에 도취되어 현재 내 삶의 공허함을 몰아낼 수 있습니다. 남의 삶을 들여다보는 슬픈 서사를 들여다볼 때도 심지어 나의 슬픈 서사를 가지고 옵니다. 우리가 슬픈 영화를 보고 우는 것은 슬픈 영화 자체 때문이기도 하지만 내 삶을 투영해서 나를 생각하며 슬프기 때문입니다.

자기 연민의 슬픈 서사가 아니라 자신을 지지하고 양육하며 사랑하고 성장하는 서사를 써야 합니다. 슬픈 서사를 곱씹는 것은 과거의 삶에서 벗어나지 못하고 나에게 상처를 주는 사람을 내 곁에 끌고 와 사는 것이나 마찬가지입니다. 그래서 지금 여기에서 맺는 사람들과 진정한 관계를 맺는 것을 방해합니다. H 씨가 계속 과거에 살았더라면 현재 U 씨 같은 좋은 친구와 진정한 관계를 맺지 못했을 겁니다. 내 주변의 U 씨들에게 과거에 자신을 힘들게 했던 사람들이나 자신의 콤플렉스를 투사하면서 그들에게 분노하고 질투하면서 삶을 꾸려 나갔을 겁니다.

그래서 우리는 이를 악물고 나의 상처받은 내면 속 아이를 타인 앞에서 끄집어내지 말아야 합니다. 다시 한 번 강조하지만, 우리 모두는 위대한 슈퍼 서바이버가 될 수 없습니다. 그러나 우리는 과거에서 벗어나 현재의 삶을 충실히 살아내는 평범한 서바이버가 될 수는 있습니다. 나 자신에게 희생자나 피해자라는 이름표를 붙이지 말고 서바이버의 이름표를 붙이도록 노력합시다. 역경에 굴하지 않고 나 자신의 삶을 열심히 지켜낸 모든 서바이버들을 격하게 응원합니다.

나의 감정과 바람보다
타인이 어떤 사람인지 살펴라

20대 후반 K 씨는 소심하고 남의 눈치를 보는 성격입니다. 대학원생인 K 씨는 같은 연구실의 연구교수 때문에 괴롭습니다. 다른 대학원생들보다 좋은 대학을 나온 데 크게 자부심을 느끼는 그 교수는 무슨 일을 같이 해야 할 때마다 대학원생들을 무시합니다. 말끝마다 이런 것도 배우지 못했냐며 핀잔을 주고, 연구가 잘 안 되면 화풀이를 합니다. 별것 아닌 것으로 기분이 안 좋으면 신경질을 내고, 입만 열면 자기 자랑을 합니다. 당연히 대학원생들은 대부분 그 교수를 좋아하지 않으며 그 교수가 없는 자리에서는 흉을 보기 일쑤입니다. K 씨도 그 교수를 좋아하지 않지만 다른 대학원생들과 다르게 그 교수가 말할 때마다 가슴이 벌렁벌렁 뛰고 위축됩니다. 교수에게 욕을 들을 때마다 스스로 못난 사람이라는 생각이 듭니다. 동료들에게 이런 하소연을 하면 그 교수에게 가스라이팅 당한 거라며 정신 차리라고 조언합니다. 그 교수에게 똑같이 욕을 먹는 다른 대학원생들이 앞에서는 예, 예, 하지만 뒤돌아서면 대수롭지 않게 넘기는 것이 K 씨는 부럽습니다.

나를 괴롭히는 사람의 서사까지 이해해줄 필요는 없다

다소 과한 지적일 수 있지만 내가 잘못했으니 교수에게 욕을 먹는 것도 당연하다고 K 씨는 생각합니다. 그런데 얼마 전 그 교수가 외제차를 새로 뽑았습니다. 대학원생들은 차가 예쁘다, 비싸보인다며 듣기 좋은 말을 했습니다. 교수는 보란 듯이 잘난 척을했지요. 며칠 뒤에는 이사 간 새 집이라며 고급 타운 하우스를 찍은 사진을 보여줬습니다. K 씨는 정말 멋진 집이라며 칭찬을 했습니다. 그런데 교수는 K 씨의 말실수를 꼬투리 삼아 "여기 베란다가 아니야. 발코니라고 하거든. 고급 타운 하우스는 발코니라고 하는 거야. 발코니가 있는 집은 처음 보나 봐?"라며 K 씨를 무시하면서 자기 자랑을 했습니다.

K 씨는 그 뒤로 교수를 유심히 관찰했고 놀라운 사실을 발견했습니다. 그 교수는 정식 교수가 된 다른 교수들 앞에서는 자기 자랑을 하거나 말을 함부로 하지 않는 사람이었습니다. 대학원생들 앞에서만 자기 자랑을 하고 말을 함부로 하는 사람이었던 거지요. 전형적인 '강약약강' 유형의 사람이라는 것을 파악하고 나니 예전처럼 교수가 했던 말들이 가슴에 와닿지 않습니다. 스스로 자책하는 것도 그만뒀습니다. 다른 대학원생들처럼 뒤에서 그 교수의 흉도 보게 되었습니다.

그 교수와 대화를 피하는 방법도 나날이 발전합니다. 말을 시킬 기미가 보이면 일을 열심히 하는 척을 하고, 그 교수가 연구실에 들어오는 시간이면 외부 일을 하기 위해 자리를 비웁니다. 교수가 어떤 말을 하더라도 예전처럼 성실히 대꾸하지 않습니다. 예의에 어긋나지 않는 영혼 없는 답변을 할 뿐입니다. 피곤한 것은 마찬가지이지만 예전처럼 상처를 받는 일은 없습니다.

우리는 여기저기서 상대방을 이해하는 감정노동을 강요받습니다. 많은 사람들이 상대방의 말을 잘 경청하고 상대방과 의사소통을 원활하게 하기 위해 노력할 것을 강조합니다. 그러나 저는 이런 노력들에 반대합니다. 성인들끼리 만나 이루어진 사회에서 왜 타인들에게 감정노동을 강요하는지 모르겠습니다. K

씨가 그 교수를 이해하기 위해 노력할 필요는 없습니다. 불편하지 않을 정도로만 요령껏 지내면 됩니다. 그 교수가 왜 강약약 강의 인간이 되었는지 그 서사를 들여다볼 필요는 없습니다. 왜 저렇게 자격지심이 있고 허세 부리는 인간이 되었는지 K 씨가 알 필요도 없습니다. 인간관계에서는 현재 여기서 너와 나 사이에 일어나는 결과에만 입각해서 상대방을 평가하고 판단하면 됩니다.

상대방의 과거 트라우마나 결핍, 열등감, 내면의 갈등 등을 굳이 알고 이해해야 한다는 강박에서 벗어나야 합니다. 또한 자신의 부적절한 경험과 감정을 토대로 타인에게 함부로 대하는 사람을 용납해서도 안 됩니다. 자신의 부적절한 감정을 타인에게 흩뿌리면서 존중과 예의를 지키지 않는 사람을 위해 우리가 왜 참아야 하고 견뎌야 하고 노력해야 하는지 저는 잘 모르겠습니다. 우리는 스스로가 행복하기 위해 존재하는 사람이지, 타인의 감정 쓰레기통이 되기 위해 존재하는 것이 아닙니다. 성숙하고 도덕적인 개인주의자들이 각자의 자리에서 행복하게 살 수 있는 세상이 오기를 진심으로 바랍니다.

모두와 항상 잘 지내야 한다는 강박에서 벗어나라

한국 사회는 온정주의에 기반을 둔 과정주의에 쉽게 빠지는 경향이 있습니다. 희대의 살인마가 나타나면 한국 언론은 그가 어떤 환경에서 자라서 그렇게 나쁜 인간이 되었나에 초점을 맞춥니다. 그러나 미국 언론에는 그런 기사는 많지 않습니다. 그 사람이 어떤 극악한 죄를 저질렀으며 어떤 형량을 받았는지가 주된 내용입니다.

K 씨도 처음에는 소리를 지르며 신경질 부리는 교수를 자신이 이해해야 한다고 생각했습니다. '부잣집에서 태어나 세상물정을 잘 모르나? 반대로 가난한 집에서 태어나 지금까지 이룬 성공이 너무 자랑스러운 것일까?' '속마음은 그렇지 않은데 표현방식이 저런 걸까?' 하는 식으로요. 이 모두 진실일 수도 있고, K 씨의 오해일 수도 있습니다. 여기에서 확실한 결과는 그 교수가 대학원생들을 비합리적인 이유로 야단치고 타인에 대한 배려가 없을 뿐만 아니라 타인을 무시하고 무례하게 구는 사람이며, 자신의 윗사람으로 이 자리에 있다는 것, 그로 인해 K 씨가 스트레스를 받고 있다는 사실입니다. 그리고 그 교수는 앞으로도 계속 그렇게 행동할 겁니다.

많은 책에서는 마음을 열고 표현하며 상대방이 하는 말의 긍정적인 면을 찾아 대화하라고 권합니다. 그러나 상대방을 이해하려고 노력하지 않는 사람, 상식적인 말이 통하지 않는 사람에게 그런 노력을 하면 할수록, 우리는 나 자신의 무능함만 증명받고 힘들어질 뿐입니다. 저 교수에게는 자기의 행동이 '자아 동조적(Ego syntonic)'이기 때문입니다. 자신의 행동을 고칠 생각이 전혀 없습니다. 자신의 행동에 문제가 있으며 그런 행동을 하는 자신을 고치고 싶다는 '자아 비동조적(Ego dystonic)'인 사람만이 정신과를 찾고 심리상담센터에 다니고 이런저런 책을 읽으며 노력을 합니다.

꼭 모든 사람과 관계를 '잘' 맺고, 모든 꼬인 관계를 '어떻게든' 풀어내서 '좋은' 관계를 만들어야 할까요? 내가 그 사람의 영향을 받지 않는 수준까지만 해도 괜찮습니다. K 씨는 그 교수와의 관계를 이렇게 정리하자 마음이 편해졌습니다.

사람 보는 안목과 판단력을 기르는 법

한 화장품 회사의 성공 비결이 영업사원들에 대한 교육에 있다는 이야기를 들은 적 있습니다. 고객에게 화장품을 팔 때는 먼저 그 고객이 어떤 사람인지 분류합니다. 물론 분류 기준은 화장품 회사에서 정해줍니다. 파악된 고객의 유형에 따라 화장품 판매를 권유하는 방법과 추천하는 화장품 종류도 교육합니다. 예전에는 오직 우리 회사의 화장품이 얼마나 좋은지 고객들에게 알리는 방법을 교육했는데, 고객 맞춤 판매 방법으로 전략을 바꾼 것이지요. 결과는 대박이었습니다. 매출은 급성장했고 영업사원들의 인센티브도 다른 화장품 회사보다 월등히 많아졌습니다. 그 회사의 영업사원들은 회사를 그만두고 다른 제품을 팔게 되더라도 가장 먼저 고객이 어떤 유형인가 파악하려 애쓸 겁니다.

이처럼 우리는 사람을 대할 때 그가 어떤 사람인지 먼저 파악해야 합니다. 우리는 상황을 파악하고 타인을 파악해야 할 때 반대로 나를 열심히 파헤치는 오류를 범하는 경우가 많습니다. 그동안 K 씨가 교수가 아닌 자기 탓으로 모든 문제를 돌린 것처럼요. K 씨는 자신의 소심함이 어린 시절의 양육 과정에서 비롯된 것인지 열심히 생각해봅니다. 교수의 말에 금방 주눅드는 경향이 엄한 아버지의 모습이 연상되어서 그런 거라고 이해합니다. 부모에게 인정받지 못한 어린 시절의 좌절감이 재경험되는 거라고 생각하면서요. 이처럼 상황과 타인을 파악해야 할 때 엉뚱하게 자신을 파헤치고 있는 것이지요.

좋은 사람들과 관계를 맺어야 나의 삶이 행복해집니다. 나쁜 사람은 나의 삶을 피폐하게 만듭니다. 모든 인간관계를 통틀어 사람을 평가하는 건 매우 중요한 일입니다. MBTI를 보라는 것이 아닙니다. 그 사람의 배려심과 이기심, 도덕성의 정도를 꼭 봐야 합니다. 나쁜 사람이라는 생각이 들면 가능한 한 멀리 거리를 벌리고, 그럴 수 없으면 적당히 거리를 두고 지내야 합니다. K 씨가 그러했듯 말입니다.

K 씨는 지금은 예전처럼 교수가 무섭지 않다고 합니다. 지금은 교수가 화를 내면 속으로 우습다는 생각이 들 정도입니다. 교수가 어떤 행동을 한들 자신의 본질을 흔들 수 없음을 지금은 알기 때문입니다. 또한 교수의 행동이 객관성과 합리성이 없으며 원칙과 상식에서 벗어난 일이라는 것도 알고 있지요. 교수의 행동이 옳지 않으며 잘못된 것임을 알기에 속상하지도 상처받지도 않습니다. 우리가 굴복해야 하는 건 권력과 그에 따라오는 교만함이 아니고 그 사람이 가지고 있는 가치와 도덕이어야 합니다. 상황에 대한 판단과 타인에 대한 판단이 올바른 자리에 제대로 잘 서야 합니다.

3부

✕

[선택과 집중]

가짜 관계의 칼자루는
내가 쥐고 있다

거리를 둘수록 가까워진다

타인을 객관적으로 볼 수 있게 되면 그 다음 수순은 그 사람과의 거리 조절입니다. 거리를 두면 내가 그 사람의 영향권에 들어갈 경우에 받게 될 영향을 미리 체크할 수 있습니다.

30대 초반 G 씨는 어린 시절부터 어머니와의 관계가 힘들었습니다. 어머니는 일거수일투족 딸의 행동을 통제했습니다. 항상 자신의 말이 옳으며 자신이 하는 모든 행동과 말은 G 씨를 위한 거라고 말했지요. G 씨는 항상 어머니에게 야단 맞고 주눅 든 상태로 생활해왔습니다. 반대로 어머니는 남동생에게는 항상 허용적이었습니다. 야단을 치지도 않고 오냐오냐 해달라는 대로 다 해주었지요. G 씨는 서울에 있는 대학을 다닐 때 본가에서 왕복 네 시간을 오가며 어렵게 통학했으나, 남동생은 같은 도시에 있는 대학을 다니는데도 힘들다고 투덜대자 바로 대학 근처에 원룸을 얻어주는 식이었습니다. 남동생과 싸워도 분명히 남동생이 잘못했는데도 G 씨만 혼났던 기억은 G 씨에게 상처로 남아 있습니다.

타인을 명확히 알면 타인의 행동이 예측된다

G 씨는 대학을 졸업하고 직장 생활을 하던 중 사랑하는 사람을 만나 신혼살림을 차리게 되었습니다. 마침 두 사람의 직장이 G 씨의 본가에서 가깝고 본가가 다세대 주택을 가지고 있어서 어머니의 설득에 다세대 주택 1층에서 신혼살림을 시작하게 되었습니다. 신혼살림을 준비할 때부터 어머니는 G 씨가 가구와 전자제품 등 자신에게 의견을 묻지 않고 무언가를 사 오면 꼭 지적하고 간섭했습니다. 곧 이어 두 사람이 같이 살게 되자 더 심한 간섭이 시작됐지요. 어머니는 딸의 집 문을 아무 때나 열고 들어와 냉장고를 정리하고 세탁기를 돌려놓기도 하고요. G 씨는 적어도 주말에 하루는 어머니 집에 들러 밥을 먹으며 잔소리를 들어야 합니다.

견디다 못해 월셋집을 알아보니 어머니는 자신의 집 월세를 주변 시세보다 비싸게 받고 있었습니다. 저녁도 먹고 가고 밑반찬도 가지고 가니, 그 정도 월세는 더 받아야 한다는 것이 어머니의 주장이었는데요. 사실 어머니는 다세대 주택 1층은 인기 없는 층인데 그 1층을 딸에게 월세 내주고 골칫덩이를 해결한 것이었지요.

G 씨는 어머니가 어떤 사람인지 알면서도 같은 건물에 신혼집을 얻는 실수를 저질렀습니다. 타인을 명확히 알면 타인의 행동이 예측됩니다. 그러나 그 예측된 결과를 애써 부정하면서 자신이 보고 싶은 것만 확대 편집을 했습니다. '같은 건물이어도 층이 다르니 괜찮을 것이다' '엄마도 예전과 달리 나이가 드셔서 기력이 떨어지니 간섭을 덜 하실 것이다' '남편이 생기고 출가외인이니 예전처럼은 못 하실 것이다' 이렇게 자신이 보고 싶은 것만 보면서 현실을 부정하고 미래를 핑크빛으로만 그렸던 겁니다. 그러나 어머니는 여전히 딸을 적당히 이용하고, 적당히 콩고물을 던져주고, 본인의 거미줄 안에서 옴짝달싹하지 못하게 만드는 사람이었습니다.

이렇게 상대방에 대해 확대 편집을 하면서 보고 싶은 것만 보는 경우는 흔합니다. 반대 증거는 무시하고 자신이 보고 싶은 증거만 보면서 생각을 점점 굳히는 것이지요. G 씨는 장모님을 불편해하는 남편을 보면서 자신의 선택이 잘못되었다는 것을 인정하게 되었습니다. G 씨는 자신이 어머니에게 계속 기대하고 있었다고 말합니다. 어머니가 다른 어머니들처럼 딸에게 따뜻하게 반응해주기를 기대했던 것이지요. 자신이 생각했던 어머니의 모습과 지금 어머니의 모습이 달라 혼란스럽다고 말합니다. 어린 시절에는 왜 내 삶이 행복하지 않나 잘 몰랐으나 지금은 자신을 소유물로 생각하는 어머니 때문이라는 것을 인지한 단계입니다. G 씨는 어머니가 그다지 좋은 사람이 아니라는 것을 받아들이는 과정이 혼란스럽고 속상한 것이지요.

서로에 대한 이해와 감정을 강요하지 마라

문제는 타인에 대한 객관적 평가를 못 하면 인생을 낭비할 수도 있다는 겁니다. 타인에 대한 환상을 지키기 위해 과한 노력이 들어가게 되는 것이지요. 자신의 인생이 갈아 넣어지고 있다는 것을 모르는 채 한계까지 밀어붙이는 경우가 많습니다. 본인의 인지 부조화를 해결하기 위해 본인의 생각이 맞다는 쪽으로 기울여져 그 생각에 맞는 증거들만 확대 편집하는 인지 편향에 스스로 빠지게 되는 것이지요. 그 결과, 관계 자체가 파탄 나는 경우가 많습니다.

G 씨가 신혼집을 친정에서 먼 지역에 구했더라면 어머니와 물리적 거리가 어느 정도 유지되기에 G 씨의 환상이 어느 정도는 지켜졌을 수도 있습니다. 날 힘들게 하는 사람임을 알면서도 가까운 거리를 유지하면 결국 서로의 관계가 틀어지는 비극만 남습니다. 연예인들이 돈을 착취하는 부모에게 당할 때까지 당한 후 의절하는 것처럼 말입니다. 당할 때까지 당하지 말고 그전에 적당히 관계를 조율했더라면 부모 자식 간에 의절하는 사태까지는 가지 않았겠지요.

모든 인간관계를 좋게 잘 유지하려고 노력하는 행동은 이제 그만합시다. 우아하고 고상하게 서로 점잔 떨 수 있는 적당한 거리의 관계를 유지하는 것도 괜찮습니다. '화목해야 한다' '무조건 잘 지내야 한다'는 명제가 우리를 힘들게 합니다. 사람 사이에 성향이 다른 경우는 아주 흔합니다. 한 부모 밑에서 태어났더라도 자식들의 성격이나 기질은 모두 다르지요. 각각 색깔도 다르고 재질도 다른 각양각색 헝겊들을 모아놓은 형상입니다. 이렇게 사람은 서로 다르므로 인간관계에서는 서로에 대한 이해를 강요하거나 감정을 강요해선 안 됩니다. 서로 예의를 지키고 존중할 수 있는 관계로 지내는 것만으로도 충분합니다.

복잡한 애증관계는 위험하다

《열 번 잘해도 한 번 실수로 무너지는 게 관계다》라는 에세이 책 제목을 듣고 고개를 끄덕였습니다. 책 제목처럼 저는 인간관계에서 좋은 건 안 해줘도 되지만 싫은 건 혹은 실수는 한 번도 안 해야 한다고 생각하는 사람입니다. 여기서 말하는 실수는 인간관계에서 누군가가 독을 내뿜는 바람에 상대방에게 상처가 되는 실수를 가리킵니다. 인간관계는 이것저것 합쳐서 받는 종합평가도 아니고, 이것저것 합친 후 나눈 평균값도 아니며, 올림픽 경기의 일부 종목처럼 최고점과 최저점을 빼고 나머지를 평균 낸 평가도 아니기 때문입니다. 이상하게도 인간관계에서는 한 번 실수의 영향력이 큽니다. 열 번 잘한 것을 크게 희석시키고, 상대방에게 더 이상 예전 같은 마음을 가지기 어렵기 때문입니다. 실수

한 번으로 상대방에 대해 기존에 가지고 있었던 오롯한 마음을
깨뜨리기도 하지요.

한 대상에 대해 모순된 감정을 품는 사람은
불안도가 높다

'양가감정(Ambivalence)'은 상반된 두 가지 표상이 존재하는 것을
말합니다. 한 대상을 향해 선과 악의 두 가지 모순된 감정을 가지
게 되는 것이지요. 양가감정을 가진 대상을 내 주변 가까이 두면
마음이 복잡해집니다. 특히 의미 있는 타인이 양가감정을 가진
대상일 경우, 내 안의 내적 갈등은 최고조에 달합니다. 내 안에
빛과 어둠이 동시에 존재하는 것만 같지요. 오롯하게 밝지도 않
고, 만사 어둡지도 않으며, 그렇다고 어중간한 회색도 아닙니다.
때로는 빛이, 때로는 어둠이 나의 세상을 지배하기 때문에 나와
마주하는 대상이 어떤 존재인지 모호합니다. 그러나 나는 그 대
상이 나의 의미 있는 타인이기 때문에, 그 대상을 향해 사랑과 인
정을 갈구합니다. 그러다 보니 만사 마음이 불안합니다.

　예를 들어볼까요. 때로는 예쁘다고 머리를 쓰다듬고 나에
게 사랑을 주었던 엄마가 때로는 욕설을 하거나 폭력을 휘두를

때 이런 양가감정을 느낍니다. 열 번 쓰다듬어주고 한 번 학대한 것이지만, 이 한 번 학대의 영향이 두고두고 내 인생에 큰 영향을 줍니다. '부모에게 사랑받지 못하는 나'라는 셀프 콘셉트가 어린 시절부터 막연하게 내 안에서 쑥쑥 자랍니다. 그러면서 타인에 대한 믿음도 상실합니다. '부모조차 나를 함부로 대하는데 누가 나를 사랑해주겠어?'라는 생각이 같이 자라는 겁니다. 공정하고 합리적인 세상에 대한 믿음도 깨집니다. 크게 잘못한 것도 아닌데 학대하는 부모를 보며 그동안 사랑받고자 열심히 노력했던 것이 헛수고로 느껴집니다. 세상은 원래 이렇게 불합리하고 안전하지 못한 곳이고, 살기 힘든 곳이라는 생각도 함께요. 자신과 타인과 세상에 내가 미칠 수 있는 영향력이 없기에 무력해집니다. 행복하게 살기 위해서 뭘 어떻게 해야 할지 몰라 혼란스럽습니다. 실험실의 개처럼 그저 무기력하게 살아냅니다.

또한 학대의 원인을 자신의 탓으로 돌립니다. 내가 학대받을 만하다고, 내가 학대받을 만한 상황을 만들었다고 생각합니다. 학대를 막거나 최소화해야 했다며 모든 것을 자신의 책임으로 돌립니다. 또한 내가 착한 아이이고 강한 사람이었더라면 이 모든 학대를 겪지 않았을 거라 생각합니다. 이렇게 내가 무언가를 잘하면 엄마가 화를 안 내고 나를 안 때릴 거라고 생각하면서 자신이 통제 능력을 가지고 있다는 달콤한 착각도 더해집니다. 이 과정에서 죄책감이라는 감정도 갖게 됩니다. 이 죄책감은 스스로 부여하거나, 혹은 '네가 잘못했기 때문에 매를 맞는 게 당연하다'며 자신의 폭력에 정당성을 부여하는 부모가 심어주기도 합니다.

이렇듯 상대방이 나에게 저지른 커다란 한 번의 실수는 '나는 사랑받을 수 없는 사람'이라는 셀프 콘셉트로 향합니다. 그리고 '인생을 주도적으로 살지 못하는 무능력한 인간'이라는 셀프 콘셉트도 부여합니다. 나의 정체성이 비뚤어지게 만들지요. 반대로 경계성 인격장애 환자들은 타인에 대해 양가감정을 억지로 만들어냅니다. 별거 아닌 일에도 과하게 의미를 부여해서 하나의 대상을 천사에서 악마로 격하시킵니다. 이렇게 대상에 대한 생각이 통합되지 않아 스스로가 힘듭니다. 이 양가감정을 당하는 상대방 입장에서도 괴로운 노릇입니다. 경계성 인격장애 환자가 나에게 애정을 갈구하는 동시에 비난을 퍼붓기 때문에, 어느 장단에 춤을 취야 할지 알 수가 없기 때문입니다. 이렇듯 경계성 인격 장애 환자들은 자신이 만들어낸, 허구의 양가감정의 세상에서 스스로를 불행하게 만듭니다.

양가감정이 심해질 때 증상들

나에게 채찍을 휘둘러 나의 자존감을 무너뜨린 사람이 나에게 당근을 주는 사람일 경우, 내적 갈등이 생깁니다. 바로 이 내적 갈등이 양가감정의 씨앗이 됩니다. 그래서 열 번 잘해주다가 한 번 실수하든, 한 번 잘해주고 한 번 실수하든 결정적인 한 번의 실수는 상대방에게 양가감정을 갖게 합니다. 어린 시절 부모에게 학대당한 이들은 머리가 복잡합니다. 나를 때리는 엄마와 나를 돌봐주는 엄마의 표상을 통합하기 힘들기 때문입니다. 양가감정의 상반된 표상으로 머릿속에선 끊임없이 천사와 악마의 전쟁터가 만들어집니다. 이럴 경우 아이는 천사의 손을 들어주기 쉽습니다. 우리 엄마는 나를 사랑해주는 좋은 엄마가 맞다고 머릿속을 정리합니다

우리는 자신을 둘러싼 타인들에게 가끔 실수를 합니다. 상대방의 정체성을 훼손하고 타인과 세상에 대한 믿음을 깨는 결정적인 한 번의 실수를 하지 말아야 한다는 것이지, 그 어떤 실수도 해선 안 된다는 뜻이 아닙니다. 부모는 아이에게 잔소리하고 꾸중하다가 심각한 갈등을 겪기도 합니다. 이혼 얘기가 오갈 정도로 부부 사이에 큰 싸움이 벌어질 수도 있습니다. 형제자매들끼리 싸우는 것도 흔한 일입니다. 연인이나 친구와 어떤 일로 삐지

고 토라지기도 합니다. 이처럼 서로가 서로에게 실수하는 것은 흔한 일입니다. 게다가 이런 실수들이 학대나 방임 같은 결정적 실수는 아닙니다. 여러 번 실수해도 그 실수로 상대방의 정체성이 부정적으로 변하거나 타인과 세상에 대한 믿음이 훼손되지도 않습니다. 그러나 어린 시절 이유도 없이 부모에게 화풀이 대상으로 맞은 경험, 데이트 폭력을 당한 경험, 몸살이 나서 누워 있는데 집안일을 안 한다고 학대를 받았던 경험 등 정서적 폭력의 피해자가 되었던 일은 '결정적인 한 번의 실수'로 인생에 작용하게 됩니다. 상대방이 열 번을 잘해준다고 해도, 이 결정적 실수는 사라지지 않습니다.

양가감정이 있는 관계는
상황을 복잡하게 만든다

상반된 양가감정을 갖게 되는 관계는 가짜 관계입니다. 머릿속에서 천사와 악마가 계속 싸우게 하는 모순된 대상과 맺는 관계이기 때문입니다. 또한 양가감정을 가진 대상에 대해서는 천사의 손을 들어주기 힘든 경우가 대부분입니다. 그러나 두루두루 어울려서 더불어 잘 살아야 한다는 한국 사회의 집합주의 문화속 가스라이팅으로 인해 우리는 천사의 손을 들어주려고 노력하지요. 또한 나쁜 부모 혹은 나쁜 대상이 나의 의미 있는 타인이라는 것을 인정하기 싫어 천사의 손을 들어주기 위해 노력합니다. 그러면서 나의 머리를 스스로 복잡하게 하고 나의 인생을 낭비합니다.

누군가와 관계를 맺을 때는 일관된 감정의 흐름이 있어야 합니다. 그런 관계는 감정의 흐름이 단순하고 안전합니다. 전화가 걸려오면 아무 생각 없이 반갑게 전화를 받습니다. 하지만 복잡한 양가감정이 있는 관계는 전화 한 통 받을 때도 마음이 복잡합니다.

'무슨 일이 있어서 나에게 전화를 걸었을까? 혹 나에게 안 좋은 말이나 힘든 요구를 하려는 것은 아닐까? 전화를 안 받으면 난리를 칠 텐데 정말 받기 싫다.'

이런 오만가지 생각이 오갑니다. 온전한 감정의 사람과 만나면 그 만남이 즐겁고 만남의 찌꺼기도 남지 않습니다. 그래서 양가감정이 있는 관계는 얼른 양자택일의 결론을 내고, 그에 따라 행동해야지만 머릿속이 단순해지고 안정될 수 있습니다. 물론 그 선택이 올바르고 합리적이고 이성적인 선택이어야 합니다.

주변에 나를 복잡하게 만드는 사람이 있으면 그 관계를 돌아봅시다. 누군가가 밉기도 하고 그립기도 한 애증 관계는 나의 마음을 온전하게 만들지 못합니다. 이해 회로와 희망 회로를 돌리기 때문입니다. '나는 사랑받는 존재이다' '내 부모는 좋은 부모다' '내가 잘하면 우리는 모두 행복하게 살 것이다'라는 생각을 스스로에게 억지로 부여합니다. 통합되지 않는 자신에 대한 정체성과 상대방에 대한 상반된 표상을 좋은 쪽으로 결론짓기 위해 노력하는 것이지요. 과도한 에너지를 불필요하게 사용하면서 항상 머릿속을 복잡하게 만듭니다. 그런 관계는 절대 나를 행복하게 해주지 않습니다.

사랑받고 싶은 마음보다
욕 먹을 용기를 키워라

남들에게 부정적인 피드백을 듣기 힘들어하는 사람들이 가지고 있는 명제가 있습니다. 모든 사람들에게 사랑받아야 한다는 명제입니다. 그래서 다른 사람들에게 좋은 인상을 주어야 한다고 생각합니다. 반대 맥락이 되는 명제도 동시에 존재합니다. 자신이 매력적이지 않고 비호감이라는 생각이 바탕에 깔려 있습니다. 사교성이 부족하고 대인관계에서 무능하다는 명제도 들어있습니다. 이런 생각이 밑바탕에 깔려 있기 때문에 그들은 힘듭니다. 나 자신의 삶을 살지 못하고 타인의 시선에 비추어진 삶을 살아갑니다. 내 주변을 둘러싼 사람들에게 미움받을 용기가 없기 때문에 그들의 삶은 힘듭니다.

물론 사회생활을 하면서 좋은 평판을 듣는 것은 매우 중요합니다. 합리적 상황 속에서 기본을 지키며 일하고 살아가면 별로 어려운 일은 아니지요. 합리적 상황이 아닌 곳에서 나의 평판이 나쁘다면 굳이 신경을 쓸 필요 없습니다. 그들이 잘못된 것이기 때문입니다. 비합리적인 세상에서는 그들의 이익이 합리가 되기 때문에 내가 알고 있는 나의 상식과 부딪힐 수밖에 없습니다.

비합리적인 기준에 맞추느라
자신을 비하하지 마라

30대 중반 B 씨는 최근에 한 대학병원 조리실에 취직했습니다. 처음에는 일을 잘하지 못해서 구박을 받다가 일을 열심히 익혀 남들보다 손이 빨라지니 동료들이 그를 견제하기 시작했습니다. B 씨가 일을 너무 잘하면 윗사람들이 생각했을 때 다른 직원들이 다 B 씨처럼 일하는 줄 알고 더 이상 사람을 뽑지 않을 것이라는 것이 견제의 이유였습니다. B 씨가 조리실 시스템의 개선 사항을 상사에게 말한 후부터는 본격적인 따돌림이 시작되었습니다. 다 같이 모이는 자리에서 그 누구도 B 씨에게 말을 걸지 않았고, 식후 커피를 마시는 자리에 B 씨가 끼어들면 마시던 커피를 버리고 각자 맡은 일을 하기 위한 위치로 돌아갔습니다. B 씨는 그 세계의 규칙을 깬 사람이었던 것입니다. '굴러들어온 돌이 박힌 돌을 빼내려 한다'는 것이 B 씨에 대한 그 세계의 평판이었습니다.

B 씨는 길게 일할 곳이 못 된다고 여겨 사직서를 내고 다른 직장에 취직했습니다. 다행히 다른 곳에서의 인간관계는 달랐습니다. 일의 배분이나 인원 배치가 합리적이었습니다. 동료가 성희롱을 했을 때 바로 윗선에 말하자 즉시 조치가 취해졌습니다. 일단 성희롱 가해자의 근무지가 이동되었고요. 동료들의 위로도 B 씨의 마음을 달래주었습니다. B 씨는 현재 직장에서 개인적으로 친한 사람도 두어 명 생겼습니다. 급여나 근로 조건도 괜찮은 편이라 만족스러운 직장 생활을 하고 있습니다. B 씨는 자신이 잘못된 것이 아니고 전 직장 사람들이 텃세를 부리면서 길들이기를 했다는 것을 알게 되었습니다. 세상 사람 모두에게 사랑받아야 한다는 생각 따위는 없는 B 씨는 과거는 과거로 두고 현재에 집중하기에 만족스러운 삶을 살고 있습니다.

사랑받으려고 애쓰면 '관계 번아웃'이 온다

20대 초반 C 씨는 취미로 만난 인터넷 커뮤니티에서 자신의 험담을 하고 다니는 사람 때문에 힘이 듭니다. 그는 해당 커뮤니티의 초창기 멤버로 영향력이 큰 편이었습니다. 어떤 문제로 C 씨는 커뮤니티에서 그와 댓글로 갑론을박 하게 되었고 단단히 찍혀버렸습니다. 그 뒤로 상대방이 오프라인에서 C 씨의 험담을 하고 다닌다는 것을 친한 지인을 통해 알게 되었습니다. 사실 그 사람에 대한 평판이 그리 좋은 것도 아닙니다. 제멋대로인 데다 자기 마음에 들지 않는 사람을 커뮤니티에서 탈퇴시키기 위해 수단과 방법을 가리지 않는 사람이었습니다.

C 씨는 인터넷상에서 그 사람의 편을 들어주고 가끔 안부 문자를 보내면서 비위를 맞춰주었습니다. 그 사람이 자신의 험담을 하는 것이 싫었기 때문입니다. C 씨는 대인관계에서 다른 사람들에게 욕을 듣지 않는 것을 중요하게 생각합니다. 남들의 부정적인 피드백을 받으면 그것을 바로 자신의 정체성으로 받아들입니다. 사랑받지 못한다면 나는 가치 없는 인간이다. 나는 주변 사람들에게 좋은 인상을 주어야 한다. 그렇지 않으면 나를 싫어할 것이다. 누가 나를 비난하는 것은 나를 거부한다는 것이고, 그것을 나는 참을 수 없다. 내가 좋은 인상을 주지 못하는 것은 사회적 상황에서 제대로 처신하지 못하는 무능한 사람이라는 증거다. 이런 생각들이 C 씨의 머릿속을 꽉 채우고 있습니다.

모든 사람과 잘 지내고 싶은 마음이 큰 C 씨는 사람을 보는 변별력이 없다고 할 수 있습니다. 주변 사람이 좋은 사람인가 나쁜 사람인가도 고려하지 않습니다. 내가 처한 사항이 불합리하다는 옳고 그름에 대한 인식도 없습니다. 단지 모든 사람에게 사랑받고 싶어 합니다. 그래서 인간관계에서 선택과 집중을 하지 못합니다. 모든 사람에게 동일한 정도의 관심을 보이고 모든 사람에게 동일한 정도의 에너지를 쏟기 때문에 항상 '인간관계의 번아웃' 상태로 지냅니다. 누가 자신의 욕을 하지 않나 신경이 곤두서 있으며, 누구에게든 잘 보이려고 애쓰기 때문입니다. 심지어 인터넷 댓글에 악플이 달리기라도 하면 일일이 대꾸하고 그 사람을 설득해서 자신의 편으로 만들기 위해 애씁니다. 악플러의 비위를 맞추며 자기 변명과 자기 합리화를 열심히 합니다. 이렇듯 C 씨는 엉뚱한 사람에게 에너지를 쏟느라 자기 주변의 좋은 사람들에게 쓸 에너지가 없습니다.

가짜 관계에 애써봤자 당신 곁에 아무도 남지 않는다

40대 중반 F 씨의 남편도 그런 사람이었습니다. 선후배들과 주변 지인들을 열심히 챙기는 인성 좋은 사람이라 생각해서 결혼했습니다. 그런데 남편은 모든 사람들에게 동일한 정도의 오지랖을 보이는, 사랑받기 위해 애쓰는 사람이었습니다. 다른 사람의 부탁을 거절하지 못해 밤늦게 교통사고가 났다고 연락 온 지인 때문에 튀어 나간 적도 있습니다. F 씨는 보험회사와 경찰에서 알아서 텐데 굳이 그 늦은 시간에 나갈 필요가 있었느냐며 남편과 말다툼을 했습니다. 선후배들에게 밥을 사주거나 고민을 들어주기 위해 술을 사는 일은 다반사입니다. 조기 축구회 총무를 맡고 향우회 회장도 하고 있으며 라이온스 클럽의 사교 모임도 들어서 온갖 사람들의 대소사를 도맡아 해주는 남편 때문에 골머리가 아픕니다.

그렇게 주변 사람들은 챙기면서 아이러니하게도 F 씨와 아이들에게는 무심합니다. 주변 지인들의 부탁을 들어주느라 F 씨나 아이들과 한 약속을 깨뜨리는 일은 다반사입니다. 주변 지인들의 경조사를 쫓아다니느라 아이들의 과외 활동이나 학교 행사는 항상 F 씨의 몫이었습니다. 그러던 중 F 씨의 자녀 하나가 학교 폭력 문제의 피해자가 되는 일이 벌어졌습니다. 그런데도 여기저기 발을 넓기로 유명한 남편의 지인들은 탄원서 한 장 써주지 않았습니다. "어떻게 써야 할지 모르겠다" "별일 아니니 괜찮을 거야" 이렇게 말은 했지만, 사실 귀찮은 일에 연루되기 싫고 탄원서를 쓰는 것이 번거로웠던 겁니다.

반대로 F 씨는 주변 지인들에게 스무 장이 넘는 탄원서를 받앉습니다. 서로 바빠 자주 만나지 못하는 F 씨의 지인들은 거의 모두 기꺼이 탄원서를 써주었습니다. 반대로 매주 만나 축구를 하고 매달 만나는 고향 친구들은 남편에게 탄원서 한 장 써주지 않았습니다. 그 일로 남편은 의기소침해 있는 상황입니다.

F 씨의 남편이 선택과 집중을 하지 못하고 모든 사람들에게 사랑받으려고 애쓴 결과는 한 장도 받지 못한 탄원서에서도 알수 있습니다. 반대로 F 씨는 내향적인 사람으로 몇몇 사람과 깊은 관계를 맺고 지냅니다. 사람을 사귈 때 신중하며 한번 마음을 준 사람에게 항상 최선을 다합니다. 사람들과 문제가 생기면, 심사숙고한 후 그 관계를 어떤 식으로든 해결하거나 마무리 짓습니다. 좋은 게 좋은 거라는 남편의 인간관계와는 정반대입니다.

인간관계에도 선택과 집중이 필요하다

모든 사람들에게 사랑 받으려고 애쓰는 사람들은 감정의 균형을 맞추지 못하고 일방적인 짝사랑을 하면서 인생을 낭비합니다. B 씨의 경우 조리실 사람들이 자신을 험담하고 싫어하자 B 씨 또한 그들에게서 마음을 거둬들였습니다. 물론 겉으로 티를 내지 않을 정도의 성숙함을 B 씨는 가지고 있었습니다. 어차피 B 씨도 비호감이었던 사람들이라 그들이 자신에게 비호감의 감정을 갖는 데 별로 신경 쓰이지 않았고 그들이 호감을 갖게 되는 것을 원하지도 않았습니다. 직장에서 만났으니 직장에서 서로 문제없게 일이나 하면 그만이라는 생각입니다. B 씨는 상대가 나를 싫어하니 나도 같은 정도로 상대를 싫어하는 방식을 선택해 쓸모없는 감정 소모를 하지 않았습니다. 반대로 현재 직장에서는 직장 동료들이 호감을 표시하고 그 사람들이 괜찮은 사람들이라고 생각하니 B 씨 역시 그들에게 호감을 표시하며 직장 동료로서 예의와 존중을 해주고 있습니다.

그러나 C 씨와 F 씨의 남편은 인간관계의 균형을 맞추지 못하는 사람입니다. 일방적으로 퍼주는 관계에서 벗어나지 못하고 있지요. 그런데 이상하게도 일방적으로 퍼주면서 셀프 을이 되는 사람에게는 상대방이 그 균형을 맞추어주지 않습니다. C 씨와 F 씨 남편의 주변 사람들은 그들이 만만하다는 것을 본능적으로 압니다. 게다가 타인의 시선에 초점을 맞추는 사람들은 자신만의 고유한 매력과 개성이 보이지 않습니다. 그래서 이상하게도 퍼주면 퍼줄수록 감정의 균형이 한쪽으로 쏠리면서 불균형해집니다. 시간이 지날수록 C 씨와 F 씨 남편 주변에 좋은 사람들은 별로 남아 있지 않게 되며 헛된 인간관계만 남게 됩니다. 선택과 집중을 하지 않은 결과입니다.

《미움받을 용기》라는 책 제목을 본 적 있습니다. 저는 한 발 더 나아가 '욕을 얻어들을 용기'를 제안합니다. 내가 모든 사람들에게 사랑받을 용기를 포기하면 우리는 그 용기를 가질 수 있습니다. 그 용기는 나를 나답게 살게 해주고 나의 인생을 자유롭게 만들어줍니다.

과거와 이별하고
현재에 최선을 다하는 법

40대 후반 A 씨는 얼마 전 어머니 상을 당했습니다. 어머니는 일찍 이혼해서 연이 끊긴 아버지를 대신해 홀몸으로 A 씨를 길렀습니다. 그런데 문상객들이 얼마나 슬프냐며 위로해주는 소리가 A 씨에게 와닿지 않습니다. A 씨는 어머니를 생각하면 마음이 복잡합니다. 사실 어머니는 이혼하면서 단지 아버지에 대한 복수심으로 A 씨를 데리고 왔습니다. 미성년자였을 때는 어머니 때문에 아버지를 만나지 못했는데 성인이 된 후에 A 씨는 아버지를 만날 수 있었습니다. 아버지는 어린 시절에 아버지 역할을 못 해준 것을 미안해하며 그 뒤로 A 씨와 종종 만납니다.

어린 시절 A 씨는 어머니의 학대와 방임 속에 자랐습니다. A 씨는 기본적인 돌봄도 받지 못했습니다. 초등학교 때는 머리에

이와 서캐가 있었고 잠자리에 들기 전에 양치질해야 한다는 것도 배우지 못해서 치아도 많이 썩었습니다. 성인이 되기 전까지 치과에 가본 적도 없습니다. 성인이 된 후에야 돈을 벌어서 치과에 가서 충치 치료를 했습니다. 게다가 A 씨는 어머니의 화풀이 대상이었습니다. 일이 잘 안 풀리면 A 씨를 때리고 욕설을 하고 막말을 했다고 합니다.

친척이 없고 외동딸인 A 씨는 어머니의 장례식에 상주로 상복을 입고 있으면서도 별다른 슬픔이 느껴지지 않습니다. '옆집 아줌마가 돌아가셨는데 내가 상복을 입고 상주 노릇을 하는 느낌'이라는 블랙 코미디 같은 말을 덤덤히 했습니다. 이리 죽을 걸 왜 그리 나에게 못되게 굴었을까 하는 생각도 들었다고 합니다. A 씨의 어머니는 마지막 가는 길에 가장 가까운 자식의 진심 어린 애도조차 받지 못하고 형식적 장례로 본인의 인생을 끝맺었습니다.

오늘의 관계가 내일의 관계를 만든다

부모의 죽음을 그리 슬퍼하지 않는 많은 A 씨와 같은 분들을 외래에서 자주 만납니다. 부모의 죽음에 비통해했고, 지금도 돌아가신 부모님을 생각하면 가슴이 아리고 저린 저는 솔직히 이들의 마음을 잘 이해할 수 없습니다. 반대로 부모의 죽음에 몸부림치며 슬퍼하고 견디기 힘들어하는 분들의 마음은 어떤 심정일지 눈에 빤히 보입니다.

A 씨들과 후자의 경우를 비교해보면, 인간관계는 과거의 관계가 반영되어 현재의 관계를 만들어내는 것임을 알 수 있습니다. A 씨들의 부모는 좋은 부모가 아니었습니다. 자식을 위해 최선을 다해 살지 않았습니다. 자식을 목적으로 삼고 이용했으며, 때로는 학대하고 방임했습니다. 과거의 기억은 쌓이고 쌓여 현재의 관계를 만들어냅니다. 우리의 인간관계는 이렇듯 과거의 씨실과 현재의 날실이 엮여 만들어집니다. 현재 A 씨들의 모습에서 어찌 부모의 죽음 앞에 슬퍼하지 않냐고 생각하는 분들은 A 씨들이 부모에게 사랑받지 못하고 오히려 학대받은 과거의 씨실을 보지 못했기 때문입니다. 현재 부모가 돌아가셨으니 자식된 도리로 당연히 슬퍼해야 한다는 현재성의 날실만 보기 때문입니다.

이렇듯 장례를 치르면서 우리는 가까운 가족들이나 지인으로부터 인간관계의 마지막 성적표를 받습니다. 누군가의 죽음을 슬퍼하면서 비통해하는 사람이 많을수록 그는 삶을 잘 살아낸 것입니다. 반대로 슬퍼하는 사람 없이 형식적인 장례를 치르는 경우에는 삶을 잘 살아내지 못한 겁니다. 우리의 인간관계는 과거의 역사성과 지금의 현재성이 이루어져 만들어냅니다. 현재의 인간관계는 순간이 지나면 과거의 역사성으로 들어가게 됩니다. 그래서 항상 현재의 인간관계에 최선을 다하는 삶을 살아가야 합니다. 나의 가족들, 나의 친구들, 나의 의미 있는 타인들에게 최선을 다해 대해야 합니다.

용서는 하되, 관계는 다시 시작하지 않기

반대로 내 주변에 나를 힘들게 한 사람들에게는 '부분적 용서(Partial forgiveness)'를 제안합니다. 우리는 나를 힘들게 한 사람에게 분노를 느끼는데, 이것이 쌓이고 쌓이면 원한이 됩니다. 이 감정은 나를 힘들게 하는 동시에 나를 보호합니다. 세상의 옳고 그름을 따지면서 동시에 자기 존중과 자기 보호를 할 수 있는 동력을 제공합니다. 이 동력으로 A 씨는 어머니와 관계를 끊을 수 있었습니다. 그러나 A 씨는 장례식을 치른 후에도 어머니를 용서하지 않고 어머니에 대한 분노로 가득 차 있었습니다. 즉, 24시간 자신의 마음과 머릿속에 어머니가 떠나지 않고 머물러 있는 상황이지요. 겉으로는 의절했으나 물리적인 의절일 뿐, 정신적으로는 어머니를 떠나지 못했습니다.

'감옥을 나서는 순간 그 사람들을 계속 미워한다면 여전히 감옥에 갇혀 있게 된다'는 넬슨 만델라(Nelson Mandela)의 말이 떠오릅니다. 진정한 용서는 상처에 대한 강박적인 생각을 내려놓고, 가해자에 대한 분노도 내려놓는 행위입니다. 또한 가해자의 뉘우침을 받아들이고 가해자에게 처벌 대신 새로운 기회를 주는 것입니다. 그리고 마지막으로 화해를 통해 관계를 다시 시작하는 것을 의미하지요.

그러나 이런 용서를 피해자에게 무조건 요구해서는 안 됩니다. 용서는 가해자의 진정한 뉘우침이 선행되어야 합니다. 상처를 준 가해자들은 대부분 진심으로 뉘우치는 경우가 많지 않은데요. 가해자가 진심 어린 사과를 하지도 않았는데 용서해줘야 한다는 말은 피해자에게 가하는 또 다른 가혹한 폭력이지요. 가해자가 진심 어린 사과를 한다고 해서 꼭 용서해줘야 하는 것도 아닙니다. 용서를 할지 여부는 철저히 피해자가 자유롭게 결정할 문제입니다. 가해자에게 받은 상처의 깊이는 피해자만 알기 때문입니다. '용서를 지나치게 선호해 원한을 너무 빨리 버리는 실수는 하지 말아야 한다'는 미국의 철학자 제프리 머피(Jeffrie Murphy)의 의견은 이런 면에서 의미심장합니다.

무조건 과거를 용서해야 한다고 A 씨에게 강요할 수는 없지만, 부분적 용서는 조심스럽게 권유하고 싶습니다. 부분적 용서는 가해자에 대한 분노나 적대감은 버리지만 가해자와의 관계를 다시 시작하지는 않는 방법입니다. 만일 A 씨가 어머니에 대한 분노를 내려놓고 부분적 용서를 할 수 있었더라면 삶이 좀 더 나아지고, A 씨는 자신의 삶에 집중할 수 있지 않았을까요? 정답은 없습니다만, 인간관계에서 용서의 의미를 한번 생각해볼 필요는 있습니다.

'항상, 평생' 친하게 지내야 한다는 강박을 버려라

어린 시절부터 부모님에게 항상 듣고 자라는 말 중 하나가 있습니다. 친구들과 사이좋게 지내야 한다는 말입니다. 맞는 말입니다. 그러나 우리는 여기에 나 스스로의 명제를 집어넣습니다. '모든' 친구들과 '항상' 사이좋게 '평생' 지내야 한다는 것입니다. 그러나 이렇듯 절대적인 의미를 지닌 '모든' '항상' '평생' 같은 수식어는 나의 삶을 힘들게 합니다. 목적과 의미는 없어지고 단지 그 명제를 지키기 위해 노력하게 됩니다. 다람쥐가 쳇바퀴 통을 돌리는데 왜 돌리는지 모르고 그냥 그 자리에서 열심히 돌리는 형국이 됩니다.

영원한 인연은 없음을 받아들여라

20대 중반 G 씨는 십년지기 친구와 사이가 소원해졌습니다. 새로 입사한 회사의 일이 바빠서 친구의 생일을 깜박하고 넘어간 것이 시작이었습니다. 친구는 당연히 서운해했고, G 씨는 친구에게 사과하고 생일이 지난 후 생일을 챙겨주었습니다. 그것은 별일 아니었으나 그날 이후 이상하게도 G 씨와 친구 사이는 삐걱대기 시작했습니다. 중고등학교 시절에는 같이 만나 떡볶이를 먹고 영화를 보고 같이 도서관을 다니는 것으로 충분했습니다. 대학에 다닐 때는 서로 미용실에서 만나 같이 파마를 하고 쇼핑을 하고 영화를 보고 차를 마시고 수다를 떠는 것이 전부였습니다. 그런데 나이 들어 각자의 생각이 달라지면서부터 문제가 생겼습니다.

기자가 되는 것이 희망이었던 G 씨는 대학을 다닐 때 언론고시를 열심히 준비했습니다. 지금은 모 신문사 새내기 기자로 자신의 꿈을 향해 한 발짝 한 발짝 열심히 나아가고 있습니다. 반면 G 씨의 친구는 직업에 대해 별다른 꿈과 희망이 없었습니다. 지금은 문과 계열 대학원을 다니고 있지만, 대학원을 졸업하기 전 적당한 사람을 만나 결혼하고 가정을 꾸리기 원합니다. 그러면서 여자는 20대가 가기 전에 결혼해야 한다며 주말마다 열심히 결혼정보회사에서 주선해주는 선 자리에 나가고 있습니다. G 씨의 친구는 다이어트와 성형에 목을 매고 있으며, 인터넷으로 해외 명품 옷과 가방 등을 직구하고 백화점에 쇼핑하러 가는 것이 삶의 낙입니다.

G 씨는 친구와 만나는 시간이 더 이상 즐겁지 않습니다. 저번 총선 때는 친구와 선거에 관련된 얘기를 하다가 서로의 정치적 노선이 현격하게 다름을 알고 서먹해지기도 했지요. 서로 '그렇게 생각할 수 있지'라며 상대방의 생각을 이해해주는 척하며 자리를 마무리했지만 G 씨는 다시는 친구와 정치 관련 얘기를 안 하리라 다짐했습니다.

G 씨는 솔직히 친구의 삶이 잘 이해되지 않습니다. 지난주에는 서울 시내의 특급 A 호텔에서 선을 보고 이번 주에는 B 호텔에서 선을 봅니다. 선에서 만난 누군가와 사귀다가도 아니다 싶으면 금방 헤어지고 또 다시 선이나 소개팅 자리를 찾아 다닙니다. 관심 있는 건 성형과 미용 정보뿐이고, 인터넷의 결혼 관련 카페에 들어가서 결혼에 대한 정보를 수집하기 바쁩니다. G 씨는 친구의 연애관도 결혼관도 자신과 다르다는 것을 알게 되었습니다. 친구가 자신이 중학교 때부터 알고 지낸 그 사람이 맞나 싶습니다. G 씨는 친구에게 더 이상 솔직하지 않습니다.

대학을 다닐 때는 기자가 되고 싶다는 자신의 꿈과 희망을 조곤조곤 친구에게 털어놓기도 했었습니다. 그럴 때마다 친구는 멋진 꿈이라며 너는 꼭 좋은 기자가 될 거라고 응원을 해주었고요. 또한 G 씨는 이혼 가정에서 자라며 부모님이 이혼하는 과정에서 많은 상처를 받았는데, 친구가 늘 위로해주고 감싸주기도 했습니다. 하지만 지금은 나와 다른 세계 사람 같습니다. 어릴 때는 싸우고 토라졌다가도 금방 화해했지만 이제 나이가 드니 서로의 사고방식과 가치관 때문에 자꾸 부딪히게 됩니다. 서로 점잖게 '그럴 수도 있지'라고 생각하면서 우아하고 고상하게 대화를 마무리 짓지만 서로 다른 사람이라 느끼며 거리감이 느껴질 뿐입니다. 어린 시절의 원시적이고 솔직한 뒤끝이 없는 다툼 대신에 우아하고 솔직하지 않으며 뒤끝이 많이 남는 다툼과 해소되지 않는 답답한 감정이 두 사람 사이에 켜켜이 쌓이고 있습니다.

얼마전 G 씨는 대학 때 룸메이트였던 다른 과 친구 H 씨를 우연히 만났습니다. 같은 방을 쓰는 한 학기 동안 큰 문제도 없었고, 크게 친밀하지도 않은 무난한 사이였습니다. H 씨는 모 대기업의 홍보실에 입사해 일하고 있었습니다. 우연히 만나 언제 밥이나 한번 먹자는 의례적인 인사를 나누었습니다. 그런데 H 씨가 정말 밥을 같이 먹자며 연락을 해왔습니다. G 씨는 H 씨와 얘기하면서 밥도 먹고 차도 마시면서 네 시간이나 같이 있었는데,

시간 가는 줄 몰랐습니다. 직장에서 치열하게 일하는 게 비슷했기에 직장 얘기를 하면서 대화가 끊임없이 이어졌습니다.

그후로 몇 번의 만남을 가지며 둘은 친한 친구가 되었습니다. 어쩌다가 살짝 스치듯 나온 정치 관련 얘기에 서로의 정치관이 비슷하다는 것도 알게 되었습니다. 지금은 소원해진 친구는 기독교를 믿어서 G 씨는 종교와 관련된 이야기도 전혀 하지 않았습니다. H 씨는 G 씨처럼 무교이며, 종교 자체에 비판적인 시각을 가지고 있는 것도 G 씨와 같았습니다. G 씨는 대학을 졸업하고 사회에서 만난 사람 중에서 진정한 친구를 사귈 수 있을 거라고 생각하지 못했는데 H 씨를 만나면서 그 생각이 깨졌습니다. 과거의 친구와도 여전히 연락하고 있지만 예전만큼 서로의 모든 것을 나누지는 않습니다.

시절인연을 슬퍼하지 말아라

불교에 '시절인연(時節因緣)'이라는 말이 있습니다. 모든 인연은 인과법칙에 의해 시간과 공간이 만나서 이루어진다는 의미입니다. 모든 인연에는 오고 가는 때가 있는 법이니, 가는 인연을 억지로 붙잡지 말아야 하며 만나야 되는 인연은 어떤 방식으로 만나진다는 이야기입니다. 젊은 시절에는 시절인연의 의미를 알기 어렵습니다. 그래서 '모든' 친구들과 '항상' 사이좋게 '평생' 지내야 한다고 생각합니다. 어린 시절에 만난 친구와는 평생 친구가 돼야 한다는 마음으로 친구와 억지로 연을 이어갑니다. 나와 친구 또한 성장했으며, 그 과정에서 어린 시절의 나와 그 친구는 같은 사람이 아니라는 것을 인정하지 않습니다. 그래서 억지로 이해되지 않는 친구의 가치관을 이해하는 척합니다.

연인을 만날 때는 불교의 시절인연을 뼛속부터 부인합니다. 나와 안 맞는 사람에게 나의 환상을 덧씌워 나의 연인 자리에 억지로 자리매김시키기도 합니다. 또한 떠나려는 인연을 억지로 붙잡기 위해 구질구질하게 매달려보기도 합니다. 그러나 나이 들면 불교의 시절인연이라는 말이 어떤 의미인지 깨닫게 됩니다. 나도 변하고 상대도 변하기에 관계의 역동도 당연히 변한다는 것을 겸허히 받아들이게 됩니다.

나의 인간관계 지도는 때로는 확장되고 때로는 축소되며 새로이 만들어집니다. 어린 시절 인연만 계속 평생 유지되는 것은 나의 성장이 그대로이며 나의 세계가 넓어지지 않았다는 의미입니다. 인간관계의 드나듦을 슬퍼하지도 노여워하지도 맙시다. 인간관계는 나무와 같습니다. 햇볕을 향해 가지를 뻗고 더 넓은 잎사귀를 펼쳐 냅니다. 누군가의 손에 가지치기를 당하면서 아품을 겪기도 하지만, 튼실한 열매를 맺기 위해 쓸모없는 가지를 솎아내는 과정임을 알기에 기꺼이 감내합니다. 인간관계는 생생한 역동성을 가지고 변화하고 성장하는 생명체임을 명심합시다. 그러므로 항상 나의 주변 사람들을 열심히 돌아보고 살피며 가꿔야 합니다.

소시오패스, 나르시시스트의 특징

최근 한 초등학교 사건을 시작으로 일부 학부형의 갑질이 수면 위로 올라왔습니다. 드러난 신상 정보를 보면 기득권층이 아닌 우리 주변에 흔하게 볼 수 있는 평범한 사람들임에 놀라게 됩니다. 그러나 사실 놀랄 일은 아닙니다. 2023년 3월, 소아청소년과가 폐과 선언을 하면서 내세운 이유는 두 가지였습니다. 하나는 낮은 의료수가로 인한 병원 운영의 어려움이고, 또 하나는 부모들의 갑질 문제였지요. 오늘도 저의 진료실에는 상사의 직장 내 괴롭힘으로 힘들어하는 직장인이 상담을 받으러 왔습니다. 어제는 시어머니의 갑질로 힘들어하는 며느리가 왔고요. 내일은 아마도 이기적인 배우자 때문에 힘들어하는 어느 분이 오지 않을까 싶습니다. 평범한 사람들의 갑질이 일상화된 대한민국의 현실이

씁쓸합니다.

모든 존재를 '수단'으로 생각하는 사람을 경계하라

소시오패스는 전 인구의 4% 정도라고 알려져 있습니다. 자기애성 인격 장애는 1% 정도입니다. 나르시시스트는 문화권에 따라 다르게 나타나며, 입증된 통계만 가지고 논하는 수치이기에 실제는 이보다 훨씬 많을 것으로 예상됩니다. 미국의 경우 전 인구의 10% 정도라는 결과도 있습니다. 대한민국의 경우, 35세 이상이 인구의 38% 이상이며, 나이가 증가할수록 비율이 늘어난다는 결과가 있습니다. 놀랍지 않나요?

  소시오패스, 자기애성 인격 장애, 나르시시스트로 진단받는 기준은 조금 다릅니다. 소시오패스 성향인지 아닌지는 주로 성격적인 기질로 판단합니다. 자기애성 인격 장애의 진단 기준은 겉으로 드러난 행동의 결과를 토대로 하고요. 나르시시스트의 진단 기준은 타인과 서로 영향을 주고받는 과정에서 취하는 심리와 행동으로 판단합니다. 이 셋의 공통점이 있다면, 자기중심적이고 타인에 대해 착취적인 인간들이라는 겁니다.

  이런 이들은 나를 제외한 타인은 자신의 목적을 위해 당연히 이용할 수 있는 수단이라고 봅니다. 이들은 자신도 목적이고 타인 또한 목적이라는 당연한 사실을 인정하지 않습니다. 그들 눈에는 상대방이 보이지 않습니다. 상대방의 고통과 외로움도 보이지 않으며, 상대방의 행복에도 관심이 없습니다. 그래서 그들과 같이 있으면 불행합니다. 공적인 관계에서는 그래도 빨리 파악됩니다. '내 직장 상사가 문제적 인간이구나' 하는 것은 금방 알 수 있지요. 직장마다 문제적 인간은 항상 있게 마련이며, 먹고사는 생계가 걸려 있는 문제이기에 우리는 이런 이들을 적당히 멀리하는 것으로 타협합니다. 직장 상사의 정신 나간 짓에 어느 정도 장단을 맞춰주는 것이 우리네 직장인들의 삶입니다.

문제는 사적인 관계입니다. 내 부모가, 내 배우자가, 내 애인이, 내 친구가 문제적 인간이라는 것을 파악하는 건 어렵습니다. 나와 여러 감정이 뒤섞여 있고, 나와 함께 만든 삶의 역사가 있기 때문에 그들이 문제적 인간이라는 것을 인정하고 싶지 않습니다. 그래서 그들이 그런 사람이 아니라는 증거를 찾아 확대 해석하고 문제를 억지로 무시하거나 축소합니다. 그 결과, 긴 세월 동안 그들과의 관계를 유지하며 정서적·경제적 착취를 당하고 삽니다. 따라서 문제적 인간들의 일관된 행동 패턴을 예측하는 것은 매우 중요합니다.

남을 위해 희생하는 나, 올바른 정체성일까?

30대 초반 B 씨는 소위 '또라이' 직장 상사 때문에 힘들게 직장 생활을 하고 있습니다. B 씨는 상사가 이기적이고 못된 사람인 것은 알지만 잘 보이기 위해 몇 년을 노력했습니다. 일단 매년 업무 평가가 상사에게 달려 있고, 나름 회사에서 잘나가는 사람이기에 상사의 눈에 들기 위해 노력한 것이지요. 주말에 개인적인 심부름을 하는 일도 허다했습니다. 해외여행을 가는 가족들을 인천공항까지 데려다주는 것은 물론, 상사가 가지고 있는 지방의 꼬마 빌딩에 문제가 생기거나 세입자들에게 문제가 생겼을 경우 대신 가서 해결해주는 등 관리인 역할도 했습니다. 상사의 주말농장에 가서 풀을 뽑아주기도 했지요. 문제는 상사가 B 씨를 내 사람이라 여기고 잘 챙겨주는 것이 아니라 날이 갈수록 함부로 대한다는 것입니다. 사람들이 없을 때는 막말과 욕설은 기본이고 자신의 업무까지 시켜 B 씨의 삶은 더욱더 힘들어지기만 했습니다.

참다 못한 어느 날, B 씨는 그동안 몰래 녹음해온 증거를 근거로 상사를 회사 인사부에 직장 내 괴롭힘으로 신고했습니다. 과연 이 싸움판은 B 씨의 승리로 훈훈하게 마무리되었을까요? 안타깝게도 B 씨는 상사의 괴롭힘에서 해방되어 평화로운 직장 생활을 하게 되었다는 결론이 나지는 않았습니다. 회사 인사부에서 조사하는 동안에 상사는 B 씨를 회유했습니다. 그동안 잘못했다며 앞으로 잘하겠으니 회사 인사부에 신고한 것을 취소해 달라고 합니다. 게다가 이런 경력이 남으면 몇 달 후에 있을 승진 시험에 B 씨가 손해를 볼 수도 있다는 등 협박성 회유도 곁들였습니다. 회사 인사부의 조사가 거의 마무리되고 그동안 그 상사에게 당해온 다른 동료들의 증언이 여럿 이어지며 노동부에 정식으로 제소되기 직전, B 씨는 상사의 말을 듣고 돌연 이 건을 없던 일로 만들었습니다. 바로 이게 B 씨의 패착이었지요.

조사 과정 자체도 힘들었던 데다 상사가 더 이상 괴롭히지 않을 거라고 약속도 했고, 내 밥줄이 끊길지도 모른다는 상황이 괴롭기만 했습니다. 게다가 조직 내에서 까칠한 직원이라는 꼬리표를 다는 것도 두려웠습니다. 이런저런 이유로 B 씨가 고소를 포기하자마자 상사는 본색을 드러냈습니다. 더 이상 같은 건으로 B 씨가 고소하지 못할 상황이라는 것을 알아차린 것이지요. 물론 B 씨에게 예전처럼 행동하지는 않았습니다. 더 교묘하게, 더 악랄하게, 더 이중적으로 남들 눈에 띄지 않는 복수가 시작되었습니다. 선을 넘지 않는 수준에서 업무로 괴롭히고 업무 평가를 박하게 하는 등 간접적인 복수가 이어졌지요. 그나마 녹취의 위험을 알게 되어 막말과 욕설을 자제하게 되었다는 것이

이 사건으로 B 씨가 얻은 유일한 보람이었습니다.

　　수년 동안 상사의 사적인 머슴을 자처하며 개인적인 시간과 노력을 허비한 B 씨에게는 까칠한 직원이라는 꼬리표가 아니라 얼빠진 직원, 어이없는 사람이라는 꼬리표가 달렸습니다. 부담스러운 상황에서 증언을 도와준 동료들은 B 씨를 당연히 그렇게 생각할 수밖에 없었을 겁니다.

　　고소를 그만두겠다고 판단할 때 B 씨는 자기가 원하는 결과가 나올 거라고 생각하는 오류를 범했습니다. 당장의 고소 과정이 힘들어서 스스로 세뇌한 것이지요. '상사가 저렇게까지 하는 것을 보니 정말 반성한 것 같다' '상사의 괴롭힘이 없으면 아무 문제 없이 예전 같은 직장 생활을 할 수 있을 것이다' '고소 과정이 너무 힘드니 그만둬도 될 것 같다'라고 스스로 이렇게 생각한 겁니다.

　　상사의 본성을 잘 알면서도 B 씨는 앞으로의 패턴이 어떨지 전혀 예측하지 못했습니다. 또한 상사의 악행에 대해 증언해준 동료에 대한 배려도 없었습니다. 일을 크게 만들고 어이없이 두 손을 든 자신에 대한 평가가 믿지 못할 직원, 근성 없는 직원으로 판단될 것임을 생각도 하지 못했습니다. B 씨는 나르시시스트들의 큰 특징이 당한 것은 절대 잊지 않으며 복수에 능하다는 사실을 몰랐습니다. B 씨는 뚝심 있게 밀고 나가 직장 내 괴롭힘으로 노동부까지 갔어야 했습니다. 그래야만 상사가 B 씨를 자신보다 약자라고 깔보지 못하게 되어 B 씨를 더 이상 괴롭히지 않았을 겁니다.

위의 사례를 보면서 극히 일부의 이야기 아니냐고 생각하는 분도 있을 겁니다. 그런데 가슴에 손을 얹고 생각해봅시다. 혹시 자신도 모르는 갑질을 한 적이 없는지 말입니다. 대부분 아무런 생각도 나지 않을 겁니다. 인간관계에서 자신의 행동에 대해 스스로 성찰하는 것은 매우 어려운 일이니까요. 그런데 혹시 인터넷이나 유튜브 동영상에 악플을 남기거나 인터넷 쇼핑몰에 별점 테러를 한 적은 없으신가요? 얼마 전에 초밥 1인분을 시켜놓고 애가 셋이니 넉넉히 달라고 요청했다는 아이 엄마의 사례가 생각납니다. 주인이 죄송하지만 초밥 1인분밖에 드릴 수 없다고 하니 가게 리뷰에 별점 테러를 하는 악행을 저질렀지요. 그 엄마는 초밥집 주인에게 갑질을 한 겁니다. 이런 사람들이 만약 높은 지위에 있었더라면 더 많은 갑질을 하지 않았을까요? 내가 을의 위치에 있기 때문에 갑질을 하지 못하는 건 아닌지, 상황이 되면 갑질을 할 수 있는 사람인지 아닌지 스스로를 돌아봅시다. 인터넷의 악플과 별점 테러 또한 나의 이기심과 복수심이 만들어낸 작은 갑질이라는 것을 명심합시다.

소시오패스, 자기애성 인격 장애, 나르시시스트 등의 인간들은 권력을 행사할 수 있는 갑의 위치에 올라가서는 안 됩니다. 높은 자리일수록 더 많은 사람들이 힘들어지기 때문입니다. 안타깝게도 보통 이기적인 사람들이 더 승승장구합니다. 그러나 지금은 적어도 갑질을 부정적으로 인식하는 사람들이 많아져서 다행이지요. 갑질에 굴하지 않고 정당하게 내 권리를 주장하며 목소리를 내는 사람들도 늘어나고 있습니다. 남이 당한 갑질에 비분강개하며 같이 목소리를 높여주는 정의로운 사람들 덕분에 어려움을 헤쳐 나가기도 합니다. 갑질이 발을 못 붙이는 상식적이고 공정한 사회를 위해 우리는 먼저 자기 자신을 돌아볼 필요가 있습니다. 그리고 갑질하는 사람들의 행동 패턴을 잊지 말고 예의 주시합시다. 너와 내가 더불어 살아가는 공정하고 정의로운 세상을 향해 함께 노력해야 합니다.

삶이 버거울 때 필요한
알빠노 정신

A 씨는 언제나 이기적인 시댁 식구들 때문에 괴롭습니다. A 씨네 집에서 시어머니를 요양 병원에 모시게 되었는데 월 병원비가 200만 원씩이나 나오는 상황이기 때문입니다. 병원비가 큰 부담이었던 A 씨는 이 돈을 다른 시댁 형제 자매들에게 나누어 내자고 제안했습니다. A 씨가 다른 형제 자매들보다 잘 사는 것도 아니고, 장남이라고 시댁의 재산을 물려받은 상황도 아니기에 A 씨의 요구는 정당했습니다. 그러나 다른 형제들은 이런 A 씨의 요구를 모른 척했고 오히려 A 씨를 비난했습니다. A 씨는 적금을 깨면서까지 시어머니 요양 병원비를 내야 하는 상황에 결국 화병이 났고, 저에게 상담을 받고자 찾아왔습니다.

"그건 내가 알 바가 아니다!"
너와 나의 과제를 분리하라

A 씨에게 지는 '알빠노 정신'을 알려주었습니다. 시어머니 요양 병원 입원비 부담을 n분의 1로 나누고, 나머지는 '내 알 바 아니다!'라고 선언하라고요. 다행히 형제 자매들의 이기적인 모습에 심기가 불편했던 A 씨의 남편은 형제 자매들에게 '나는 50만 원만 감당할 테니 나머지는 너희가 알아서 하라'고 통보했습니다. 그제서야 형제 자매들이 병원비를 나누어 내기 시작했습니다. A 씨의 마음은 한결 편해졌지요.

저는 이 알빠노 정신이 조금 더 한국 사회에 널리 널리 퍼져야 한다고 생각합니다. 최근에 나온 신조어이기는 하지만, 이를 주장한 학자는 따로 있습니다. 바로 오스트리아의 정신과 의사인 알프레드 아들러(Alfred Adler)입니다. 아들러는 인간의 모든 고민은 인간관계에서 비롯된다고 말했습니다. 그리고 해결책으로 '과제의 분리'를 제안했습니다. 타인의 과제를 끌어안게 되면서 인생이 괴로워지기 때문입니다. 내가 남의 과제까지 해결해 주지 말고, '내가 알 바 아니다!'라고 생각하는 것, 이것이 바로 알빠노 정신입니다.

A 씨의 경우를 보면 냉정하게 시어머니 요양병원 문제는 A 씨

가 아닌 A씨 남편과 그 형제들의 문제입니다. 병원비 부담 외에도 A 씨는 보호자로서의 역할을 다 해내야 했습니다. 시어머니를 타 병원으로 옮기는 문제, 기저귀나 물티슈를 병원에 사다 주는 일도 모두 며느리인 A 씨 담당이었습니다. A 씨는 남편과 시댁 식구들이 강제로 부여한 그들의 과제를 혼자 다 끌어안으면서 인생이 괴롭게 되었던 것입니다. 아들러의 주장처럼요.

실은 저는 알빠노 정신을 제 아들에게 들었습니다. 얼마 전 아들이 저에게 학교에서 있었던 일을 말해주었습니다. 친구가 연필을 안 가지고 왔다고 해서 빌려주었는데, 하교 무렵에 다시 돌려달라고 하니 친구가 "알빠노" 하더랍니다. 아마도 그 친구는 연필을 잃어버렸던 모양이지요. 저는 아들의 말을 듣고 무책임한 개인주의의 현장을 목격한 기분이었습니다.

궁금해진 저는 챗GPT에게 알빠노와 개인주의에 대해 물어봤습니다. 챗GPT는 '젊은 세대의 책임감과 실종되어 가는 연결과 책임감의 부재를 상징적으로 보여주는 단어'라고 알려주더군요. 또한 '현실세계의 소통과 책임을 잊어버리고 사회적으로 인간을 고립되게 만들면서 디지털 세계로 도피하게 한다'고도 덧붙였습니다. 챗GPT의 우려에 따르면 알빠노 정신은 상호 이해와 협력의 능력, 공감력을 퇴화시키고 가짜 관계를 만든다는 단점이 있습니다. 이 단점은 제 아들의 연필 사건에 대입하면 딱 맞는 것 같습니다.

그러나 A 씨의 경우에 알빠노 정신의 단점을 대입하면 맞지 않습니다. 왜냐하면 제 아들은 아무런 잘못 없이 타인으로부터 '알빠노를 당한' 경우고요. A 씨의 경우는 시댁 식구들이 A 씨에게 먼저 '알빠노를 시전'했고, 이에 A 씨는 '맞대응의 알빠노'를 정당하게 행했기 때문입니다. A 씨는 시댁과 알빠노의 균형을 맞추어서 자신을 보호하고 권리를 지킬 수 있었습니다. 이기적이고 무책임한 알빠노에는 합리적 알빠노로 대응하는 것이 현명한 행동입니다.

악플러와 나르시시스트를 무시하는 방법

이 알빠노 정신은 근거 없는 악플 때문에 힘들어하는 분들에게도 권하고 싶습니다. 이 경우 악플러들이 먼저 이기적인 알빠노를 시전한 겁니다. 인터넷의 익명성 뒤에 숨어서 비겁하게 상대방에게 이유 없는 악의를 내뿜은 거지요. 악플러의 말도 안 되는 의견에는 '내 알바 아니다!'라고 생각하는 것이 최선입니다.

또한 최근에 나르시시스트를 맞서는 방법으로 '회색돌 요법'

을 이야기하고 있습니다. 길가에 놓인 돌멩이처럼 감정의 동요 없이 반응을 보이지 않고 나르시시스트에게 대응하는 방법입니다. 나르시시스트들에게 빌미를 주지 않으면서도 그들과 서서히 멀어질 수 있지요. 회색돌 요법 또한 알빠노 정신과 닿아 있습니다. 악플러의 악플은 내 알 바 아니며. 나르시시스트의 지적질과 잘못된 평가 또한 절대 나에게 영향을 미치지 않는다는 거지요. '나는 당신에게 먹잇감을 던져 주지 않으면서 고고히 나의 길을 가겠다'고 다짐하는 마음가짐입니다. 알빠노 정신이 적절하게 잘 쓰인 경우라 할 수 있습니다.

알빠노 정신을 시전할 때 주의사항

알빠노 정신을 시전할 때 주의할 점이 있습니다. 상대방이 나의 감정을 무시하고, 나의 생각을 듣지 않고, 나의 경계를 침범하면서 알빠노로 나를 공격할 때는 나도 적극적으로 알빠노로 대응을 해야 한다는 것입니다. 아무런 이유 없이 상대방에게 먼저 시전하는 알빠노는 '갑질'입니다. 제가 찾아본 챗GPT의 우려처럼요. 이기적이고 무책임하기 때문입니다.

제 경우를 예를 들어보겠습니다. 처음 유튜브 채널을 시작할 때 구독자를 늘리기 위한 방법을 찾아본 적이 있는데요. '악플러와 마음을 열고 대화하면 악플러를 진정한 열성 구독자로 만들 수 있다'는 글을 보았습니다. 그래서 저는 악의를 가지고 알빠노를 시전하는 악플러에게 진심으로 대해보았습니다. 결과는 당연히 실패로 돌아가고 저만 피곤한 상황이 되었습니다. 대부분의 악플러들은 논리가 없으며 열등감으로 배배 꼬여 있는 경우가 대부분이기 때문입니다. 악플러가 알빠노를 시전하면, 나 역시 알빠노로 맞대응하여 무관심으로 일관하거나 댓글을 삭제하거나 내 눈에 안 띄게 하면 해결될 일이었습니다. 무책임하고 이기적이며 무례한 알빠노에는 나도 합리적이고 정당한 알빠노를 시전해야 합니다.

알빠노 정신의 선구자인 아들러는 '누구도 내 과제에 개입시키고 않고 나도 타인의 과제에 개입하지 말아야 한다'는 철저한 개인주의자입니다. 그러나 '각자의 과제를 분리한다는 것은 인간관계의 목표가 아니라 입구'라고 말했습니다. 각자의 과제를 분리한다고 해서 서로의 거리가 멀어지지 않는다는 것이지요. 오히려 과하게 밀착되어 있는 관계를 정리정돈해서 각자가 독립된 거리를 유지하게 되면, 서로의 관계가 좀 더 편안해질 수 있다는 것이 알빠노 정신의 핵심입니다.

알빠노 정신으로 인해 A 씨는 현재 시댁 식구들에게 전보다 훨씬 덜 불편한 마음을 가지게 되었습니다. 지금 시어머니는 한 달에 80만 원이 드는 요양원으로 옮긴 상황입니다. 그리고 다음 명절에는 공평하게 요양원 비용을 각각 20만 원씩으로 배분하려고 합니다. 그렇게 되면 시댁 식구를 대하는 A 씨의 마음은 좀 더 편해질 겁니다. 시간이 흐른 후에는 마음을 열고 다함께 시어머니 문제를 의논할 수도 있겠지요. 그날이 오면 A 씨는 알빠노의 진정한 가치를 더 많이 깨닫게 될 겁니다.

4부

✕

[이해와 포용]

타인의 세계를 인정하고
함께 성장하는 법

아무에게나
긍정적 환상을 품지 마라

얼마 전 가방을 수선할 일이 있어서 인터넷을 검색해 수선집을 찾아간 적이 있습니다. 7~8평 정도 되는 작은 가게에서 중년 부부 두 분이 가방을 열심히 수선하고 계셨습니다. 가방이 마음에 쏙 들게 수선되어서 집에 있는 다른 가방도 수선을 맡겼습니다. 수선을 의뢰하면서 이런저런 주문을 하다가 문득 가방 수선 실력에 비해 허술했던 수선집의 블로그가 생각났습니다. 블로그를 조금 더 신경써서 꾸미고 중고거래 사이트, 지역 맘카페에 홍보하면 가게가 더욱 잘 되지 않을까 하는 생각에 저는 오지랖을 부려보았습니다. 수선 실력도 좋고 수선 가격이 저렴하기까지 하니, 홍보를 잘하면 더 대박 나지 않겠냐고요.

원래 사장님은 다른 지역에서 가방 수선일을 했었는데, 건물

207

주가 갑자기 가게를 빼라고 통보해서 부랴부랴 새로운 지역으로 이사를 오는 바람에 지금은 어수선한 상황이라고 말했습니다. 빨리 입소문이 나서 수선을 맡기는 사람이 많아져야 한다며 걱정도 했고요. 옆에서 가만히 대화를 듣던 사모님이 대화에 참여합니다. 우리 남편이 가방 고치는 실력은 대한민국 최고라고, 서울에서 못 고친 명품 가방도 우리 남편 손에서는 말짱하게 재탄생한다고 말씀하시는 얼굴에는 남편에 대한 자부심이 가득했습니다. 예순 넘은 사모님의 눈이 반짝반짝 빛나면서 남편 자랑을 하는데, 옆에 계시던 사장님은 쑥스러워하면서도 은근 뿌듯해하는 모습입니다. 가만히 얘기를 듣던 저도 입가에 저절로 미소가 지어집니다.

'긍정적인 콩깍지'의 좋은 영향력

이처럼 나에게 의미 있는 타인으로 자리매김한 사람에게는 그 사람에 대한 '긍정적 환상'이 수반되게 마련입니다 연애 초기 상대방 이성이 잘나 보이고 매력적으로 보이는 것을 떠올리면 긍정적 환상이 무엇인지 쉽게 이해할 수 있을 겁니다. 소위, 연애를 시작하는 첫 단추가 되기도 하는 '콩깍지'를 말하지요. 부모가 자식을 보면서 느끼는 '눈에 넣어도 안 아프다'는 감정 역시 긍정적 환상입니다. 의미 있는 타인은 서로 긍정적 환상을 주고받으면서 상대방의 존재를 긍정적으로 평가할 수 있어야 합니다. 우리가 의미 있는 타인에게 긍정적 환상을 갖는다는 것은 자신에게 긍정적 평가를 내릴 수 있다는 의미이고, 어떤 힘든 상황이 닥쳐도 미래를 긍정적으로 낙관할 수 있다는 의미이기 때문입니다.

가방 수선집 사모님은 대한민국에서 가방 수선을 제일 잘하는 남편과 결혼한 사람이 바로 나라는 긍정적 자기 개념이 있었기에 저에게 그렇게 남편의 솜씨를 자랑할 수 있었던 겁니다. 비록 지금은 잘 알려지지 않아 가방 수선 의뢰가 뜸하지만 시간이 지나면 이사를 오기 전처럼 남편의 가방 수선 실력을 알아본 사람들로 문전성시를 이룰 거라고 기대하고 계신 것이지요.

어떤 학자들은 긍정적 환상의 효용성에 의문을 표하기도 합니다. 긍정적 환상이 자기중심적인 지나친 자기애로 흐르거나 객관적 상황을 무시한 대책 없는 낙관주의로 이어질 수 있기 때문입니다. 그러나 인생을 살아가면서 긍정적 환상이 없으면 세상은 각박하고 미래는 암울해질 뿐입니다. 화단의 잡초를 반 정도 뽑고는 '이제 겨우 반밖에 못 뽑은 거야?'라고 생각하는 사람과 '와! 벌써 반이나 뽑았네'라고 생각하는 관점의 차이는 긍정적 환상을 갖느냐 갖지 못하느냐가 결정합니다.

나를 힘들게 하는 사람에게
긍정적 환상을 품을 때

———————————

그러나 부정적인 면에서 의미 있는 타인에게 긍정적 환상을 갖는 것은 경계해야 합니다. 많은 사람들이 부정적인 면에서 의미 있는 타인에게 긍정적 환상을 덧씌웁니다. 자신을 착취하는 부모나 형제, 갑질하는 직장 상사, 자기중심적이고 이기적인 배우자에게 긍정적 환상을 부여합니다. 그들의 행동을 용인하고 수용하기 위해 억지로 이해 회로를 돌리는 것이지요.

사실 이해는 즉각적이고 순간적입니다. 툭 치면 탁 하고 나옵니다. 희귀병 환아의 사연을 듣고 2,000원을 기부하기 위해 저도 모르게 ARS 번호를 누르는 것처럼요. 그 아이의 힘든 사연이 즉각적으로 이해되기 때문입니다. 누군가 한 행동의 이유를 과거에서 찾아보면서 억지로 이해 회로를 돌리는 것은 이해되지 않는 것을 이해해보려는 시도이지요. '인지 부조화(Cognitive dissonance)'의 불편한 심정을 제거하려는 노력의 일환입니다.

머릿속이 복잡해지고 생각이 많아지면 CPU가 점령당해버립니다. 부정적인 면에서 의미 있는 타인에게 긍정적 환상을 덧씌우는 이유는 이 관계를 유지하기 위해서입니다. 상습적으로 바람을 피우는 배우자와 이혼할 생각이 없는 경우에 긍정적 환상 회로를 돌리는 것이 대표적인 사례입니다. 예를 들면 이런 식입니다.

'나의 배우자는 어릴 적 어머니의 부재로 인해 어머니를 찾아 헤맨다. 고로 바람을 피우는 것을 환상 속 어머니를 찾아 헤매는 행동으로 이해하자. 내가 근원적 어머니 같은 존재로 자리매김하면 나를 통해 배우자는 구원을 얻을 것이다. 바람 피운 배우자에게 더욱더 잘해주고 집 안을 열심히 가꾸자. 나의 노력을 알아보면 배우자는 더 이상 바람을 피우지 않고 나에게만 영원히 정착할 것이다.'

타인의 피드백을 건강히 받아들이는 법

의미 있는 타인에게 긍정적 환상을 가졌다면 타인에게 받는 부정적 피드백 또한 열린 마음으로 받아들여야 합니다. '가방 고치는 실력은 출중한데 홍보가 부족해서 가게가 잘 안 되는 것 같다'는 제 피드백을 귀담아 듣는 것처럼요. 가게에 온 어떤 손님은 가게가 원룸촌 속에 파묻힌 이면 도로에 위치해 간판 효과가 전혀 없으니 가게 위치를 바꿔보는 것을 조언했다고 사모님은 말씀하셨습니다. 가방 고치는 실력은 뛰어나기에 시간이 지나 입소문이 나면 가게는 잘될 거라는 긍정적 낙관은 그대로 유지한 채로 말입니다. 부정적 피드백을 겸허히 받아들인다는 것은 객관적 상황과 현실을 같이 고려한다는 의미입니다.

실제로 부부 사이가 좋지 않은 커플의 경우, 서로에 대한 긍정적 환상이 없습니다. 오히려 상대방에 대한 부정적 개념으로 가득 차 있습니다. '저렇게 못되고 무능력한 인간이 어디 있지?'라고 생각합니다. 그다음은 나의 개념으로 반사되어 들어옵니다. 나 자신을 '저런 인간과 결혼한 못난 나'로 인식하는 것이지요. 우리 부부의 긍정적인 앞날 또한 그려지지 않습니다. 하루하루 버티고 견디는 삶을 살아갈 뿐이지요. 부부 사이에 오가는 말은 경멸과 혐오로 가득합니다. 설령 말이 오가지 않더라도 그런 생각이 가득합니다. 이처럼 긍정적인 환상이 씌워지지 않는 관계는 가짜 관계입니다. 내 주변의 의미 있는 타인에게 나는 과연 긍정적인 환상을 씌우고 있는지 살펴봅시다.

상대방이 나에게 보내는
감정만큼만 대해라

인간관계의 갈등을 유독 못 견디는 사람들이 있습니다. 분명히 목소리를 내고 항의해야 하는 상황인데도 그냥 넘어갑니다. 남에게 싫은 소리를 하지도 못하고 본인이 싫은 소리를 듣는 것도 못 견뎌합니다. 타인에게 인생의 초점이 맞추어져 있어 자신의 인생을 살지 못합니다. 능동성과 주도성이 없는 인생을 살고 있는 것이지요. 그리고 이런 성향을 이용하려는 사람들이 주변에 많이 꼬입니다. 가족일 경우, 부모를 대신해서 가족 부양의 책임을 지기도 합니다. 누군가의 감정 쓰레기통 역할을 담당하는 경우도 흔하지요. 자기중심적인 연인이나 배우자에게 착취당하고 사는 경우도 많습니다. 인간관계는 상대적이라, 이런 사람을 기가 막히게 알아보는 '갑의 역할'이 다가와서 발을 뻗기 때문입니다.

상대방과 감정 균형을 맞추는 법

30대 후반 K 씨도 이런 사람이었습니다. 주변에 사람이 많고 인기도 많았습니다. 문제는 이런 주변 사람들 중 K 씨를 힘들게 하는 사람이 많다는 겁니다. 남의 말을 항상 잘 들어주고 공감해주기 때문에 사람들은 K 씨에게 자신의 얘기를 잘 털어놓습니다. 오지랖도 넓어서 본인이 할 수 있는 일은 힘껏 도와주는 좋은 사람이라는 게 K 씨에 대한 주변 사람들의 평가입니다. 이렇게 K 씨는 주변 사람들의 무료 심리상담사이자 무료 사회복지사로 자신의 삶을 살고 있습니다. K 씨는 주변 사람들과 갈등이 생기는 것을 못 견뎌합니다. 누군가와 의견이 다르면 재빠르게 자신의 의견을 수정해서 상대방에게 맞춥니다. 경우 없는 일을 당해도 그 사람이 나름의 이유가 있을 거라며 상대방의 사정을 먼저 생각합니다.

K 씨는 사람들을 가려 사귀지 못하고 본인에게 조금만 호감을 보이면 금세 말을 섞고 친해집니다. 이렇게 K 씨가 맺는 대부분의 인간관계는 철저한 수동성으로 기반한 관계입니다. 그래서인지 K 씨는 시일이 지난 뒤 자신의 지인이 별로 좋지 않은 사람임을 알게 되는 경우가 많습니다. 교회에서 친하게 지내던 지인 하나는 전세 사기에 연루된 사기꾼이었고, 언니 동생 하며 친하

게 따르던 지인 하나는 유부남과 바람을 피워 상간녀 소송 중입니다. K 씨는 최근 직장에서 자신을 싫어하는 사람이 생겼다는 고민을 털어놨습니다. 그 사람에게 나쁘게 군 적도 없고 불편한 행동을 한 기억도 없는데, 그 사람은 자신을 별로 좋아하지 않는 것 같다고요.

K 씨가 인간관계의 갈등을 극도로 싫어하고 힘들어하는 이면에는 모든 사람들에게 사랑을 받고 싶은 자신의 욕망이 숨어 있습니다. 그래서 자신을 싫어하는 회사 사람이 있다는 사실을 받아들이지 못하는 겁니다. 이를 해결하는 방법은 간단합니다. K 씨 또한 그 사람을 싫어하면 됩니다. 나를 싫어하고 나에게 비호감인 사람이 있을 때 해결 방법은 감정의 균형을 맞추는 겁니다. 다소 냉정하게 들리지만 경조사 때 누가 얼마를 냈는지 열심히 기록하는 것도 같은 맥락입니다. 나의 경조사에 성의를 표하지 않은 사람에게 나 또한 굳이 그 사람의 경조사에 성의를 표할 필요는 없습니다.

인간사에서 갈등이 생겼을 때 처음에는 상대방을 설득하고 조율해 문제를 해결하려고 하지만 뜻대로 되지 않아 소송을 당하면 나도 그에 맞서 좋은 변호사를 써서 소송에 대비해야 합니다. 이처럼 서로 간에 오가는 감정의 균형을 맞추면 됩니다. 그 사람에게 싫은 티를 내면서 불편하게 만들라는 얘기가 아닙니다. 그 사람에게 신경 끄고 내가 할 일을 하면 된다는 겁니다. 그 사람이 나를 좋아하든 싫어하든 내 알 바 아니라는 태도가 이 상황의 해결책입니다.

그러나 K 씨는 그렇게 하지 못하고 그 사람이 나에게 호감을 갖고 좋아해야 한다고 생각해서 갖은 노력을 기울입니다. 회식 자리에서 같은 테이블에 앉아 말을 섞어보려고도 해봤습니다. 심지어 그 사람이 속한 사내 동아리에 들어가기까지 했습니다. 그럴 필요가 전혀 없는데도 말입니다. 딱히 그 사람이 K 씨에게 비호감의 감정을 표시낸 것은 아닙니다. 단지 K 씨와 가까워지려고 노력하지 않으며 K 씨와 업무 외에는 전혀 개인적인 대화를 섞지 않는 정도입니다. 물론 다른 사람들과는 농담도 잘하고 회사 밖에서도 간혹 만나며 친하게 지냅니다. 얘기를 들어보면 그 직장 동료는 K 씨에게 분명 호감을 느끼는 것은 아니라는 생각이 듭니다.

호감도는 쉽게 바뀌지 않는다

K 씨의 여러 노력은 결국 실패로 끝났습니다. 그 동료와는 여전히 친해지지 않았으며, 업무에 관한 얘기만 하는 사이입니다. 누

군가를 좋아하거나 싫어하는 감정은 쉽게 바뀌지 않습니다. 우리는 사람을 볼 때 여러 차원에서 평가합니다. 첫 번째로 '좋다-나쁘다(Good-Bad)', 즉 호감 차원의 평가를 합니다. 두 번째는 능력 차원의 '강하다-약하다(Strong-Weak)'는 평가입니다. 학교나 회사에서는 공부를 잘하거나 일을 잘하는 것, 공부를 못하거나 일을 못하는 것으로 평가하겠지요. 세 번째는 '적극적-소극적(Active-Passive)' 차원입니다. MBTI의 '외향-내향'과 같은 차원입니다.

여기서 첫 번째, 호감과 비호감 차원은 다른 평가를 다 뒤엎을 만큼의 절대적입니다. 우리는 주로 나에게 호감인 사람과 관계를 맺게 됩니다. 그 사람이 다소 능력이 떨어져도, 외향적인 나와 다르게 내향적인 사람이라도, 그 사람이 나에게 호감이면 다른 차원의 평가를 무시하게 되지요. 나의 '최애'를 생각하면 쉽게 이해됩니다. 아이돌 그룹에서 가장 호감인 나의 최애가 꼭 제일 노래를 잘하고 제일 춤을 잘 추고 제일 잘생긴 건 아닙니다. 그러나 나에게는 나의 최애가 가장 호감이라는 사실은 절대 선이자 절대 진리입니다. 결혼할 배우자를 결정할 때도 마찬가지입니다. 남들이 다 그 사람은 아니라고 말려도, 내가 그 사람을 사랑한다는 사실만으로 결혼을 결심하기도 합니다.

우리는 어떤 사람이 나를 좋아하고 싫어할 경우 그 사실이 쉽게 변하지 않는다는 사실을 인정하고 받아들여야 합니다. 나에 대한 그 사람의 평가가 주관적이고 왜곡되어 있을지라도 내가 할 수 있는 건 별로 없습니다. K 씨가 노력해봤지만 결국 동료가 K 씨를 좋아하지 않았던 것처럼요.

인간관계의 갈등은 내 인생을 위한 첫 걸음

K 씨에게 또 하나 필요한 것은 '인간관계의 갈등을 두려워하지 않는 까칠함'입니다. K 씨는 인간관계의 갈등을 회피해왔는데, 이는 그 사람이 어떤 사람인지 알아가는 과정을 생략해버리는 것이나 마찬가지입니다. 인간관계의 갈등은 물론 안 겪는 게 좋지만, 단순히 이를 회피하기 위해 K 씨처럼 모든 것을 양보하는 것은 최악입니다. 인간관계의 갈등은 그 사람을 알 수 있는 좋은 기회이기도 합니다. 그리고 인간관계의 갈등을 합리적으로 해결할 수 있는 사람이 나와 대화가 통하는 사람이라고 감히 말할 수 있습니다.

연애를 3년쯤 한 커플이 결혼한 뒤 서로 갈등을 빚으며 힘들어하는 것을 본 적 있습니다. 갈등의 원인은 성격 차이일 수도 있고, 가치관 차이일 수도 있습니다. 그러나 갈등이 해결되지 않고 서로 타협이 이뤄지지 않는 것은 서로 대화가 통하지 않는 커플이기 때문입니다. 연애하는 동안에는 인간관계의 갈등을 겪을 일이 없었습니다. '이번 생일에는 어떤 식으로 보낼까?' '이번 여름 휴가는 제주도에 갈까 부산으로 갈까?' 같은 문제만 상의하면 됐으니까요. 인간관계의 갈등은 서로를 알 수 있는 소중한 기회이며 갈등을 해결하는 과정에서 상대방이 진면목을 알 수 있는데, 그 기회를 그냥 지나쳐버린 것입니다.

이들 커플은 연애할 당시에는 상대방의 심기를 불편하게 하는 그 어떤 말도 서로에게 하지 않았습니다. 상대방이 서운할까 싶어 상대방을 배려한다는 명분으로 말입니다. 결혼식을 준비하는 과정에서도 마찬가지였습니다. 소위 '스드메'를 결정하는 과정에서 부딪치기는 했지만, 이는 갈등을 해결하는 진정한 대화는 아니었습니다. A와 B 중 선택하면 되는 것이고, 어느 한쪽을 선택했을 때 손해 보는 기회비용이 거의 없는 선택이기 때문입니다. 즉 진정한 인간관계의 갈등을 해결하는 대화는 아니었다는 것이지요.

K 씨는 살면서 자신의 감정과 욕구를 솔직하게 드러낸 적도 없고, 그로 인해 타인과 갈등을 빚어본 적도 없습니다. 진짜 관계는 서로 솔직하게 감정과 욕구를 드러내며 이로 인해 갈등이 생

기더라도 대화를 통해 이를 해결하면서 상황을 풀어내는 관계입니다. 연애 때 달콤한 여행이나 식사, 이벤트, 결혼식장이나 신혼여행지에 대해 합의를 보는 대화로는 부족합니다. 결혼한 후 시댁이나 친정이 힘들게 했을 경우 어떻게 타협해야 할지, 발령받은 직장이 지금과 먼 곳이고 아이들 학군 문제와 부딪힐 경우 어느 쪽에 무게중심을 두고 선택할지 등 한쪽을 선택할 경우 분명히 손해를 보는 기회비용이 있는 선택과 관련해서 서로 대화가 통해야 한다는 것이지요.

많은 연인들이 결혼 전에는 대화가 잘 통했는데 결혼을 하고 나니 배우자와 대화가 안 통한다는 얘기를 하는 이유는 바로 여기에 있습니다. 불편하고 힘든 상황이나 갈등과 관련된 대화는 연애 시절에는 거의 할 기회 자체가 없었던 겁니다. 갈등을 풀어가는 과정에서 상황과 맥락을 이해하고 합리적 선택을 할 수 있는가, 전혀 말이 통하지 않는 꼰대인가가 판가름 납니다.

갈등 해결 과정을 통해 상대방을 더 잘 알게 된다

인간관계의 갈등을 해결하는 과정을 통해 우리는 상대방의 꼰대력을 테스트할 좋은 기회를 갖게 됩니다. 이런 인간관계의 갈등을 통해 우리는 상대방의 세상을 들여다볼 수 있고 더욱 깊이 알게 됩니다. 또한 갈등을 조율할 수 있는, 말이 잘 통하는 상대와의 사이는 점점 깊어집니다. 세상에 해결하지 못하고 타협하지 못할 일은 없습니다. 단지 자기의 생각만 옳다고 여기면서 타협과 조율이 안 되는 사람과 일을 풀어나가다 보면 일이 파투나게 되는 거지요.

이번 챕터에서 설명하는 갈등 해결 구조란, 동등한 관계에서의 갈등 해결 상황을 말합니다. 서로가 서로를 존중하는 관계에서는 각자가 갑으로 위치하기 때문에, 일방향의 트라우마가 아닌 양방향의 갈등 해결 구도에 놓이게 됩니다. 갑과 갑의 동등한 관계에서는 함께 노력하여 갈등을 해결하는 과정에서 상대방을 더욱더 이해하게 됩니다. 그럼 서로의 관계는 깊어지고 돈독해지지요. 반대로 갑과 갑의 관계에서 갈등이 계속 증폭되고 해결되지 않는 경우에는, 너와 내가 서로 다름을 인정하고 각자의 길을 가면 됩니다. 이처럼 갑과 갑의 관계에서는 솔직하게 내 생각을 말할 수 있으며 어떤 결정이든 자유롭게 주도적으로 선택이 가능합니다. 따라서 이런 갑과 갑 사이의 인간관계의 갈등은 감당할 만한 수준이라면 타인에 대해 이해하게 되고 세상에 대해 알아가는 계기가 되는 경우도 많습니다.

앞서 설명한 인간관계의 트라우마는 주로 갑과 을 사이에서,

가해자와 피해자의 구도 속에서 발생합니다. 피해자는 무기력하고 일방적인 괴롭힘을 당하는 구조이지요. 따라서 갑과 을 사이에서 발생하는 인간관계 트라우마는 자아 정체성에 큰 상처를 줄 뿐, 삶의 맷집도 노련함도 키워주지 않습니다. 하지만 갑과 갑의 동등한 관계에서 일어나는 갈등 해결 과정은 맷집과 노련함을 키워줄 뿐만 아니라 대인관계 대응 능력도 함께 단련시켜주므로 우리 인생에 긍정적인 역할을 합니다.

K 씨는 회사의 친한 동생이 유부남과 부적절한 관계를 맺고 있는 것을 알게 된 후에도 그 지인과 여전히 관계를 이어 나갔습니다. 마음속으로는 비도덕적인 행위를 하는 동생이 불편했으나 나름의 사정이 있을 거라 혼자 결론 내리고 그 관계를 이어 나간 것입니다. 단 한 번도 그 동생에게 "나쁜 짓이니 당장 그만두었으면 좋겠어. 나는 유부남과 바람 피우는 사람을 내 지인으로 둘 수는 없어"라고 말하지 않았습니다.

결국 그 동생은 유부남의 아내에게 상간녀 소송을 당하게 되었습니다. 그 유부남의 아내가 회사 앞에서 1인 시위를 하면서 많은 사람들이 알게 되고 구설수에 오르게 되었지요. K 씨 또한 갈등을 피해온 대가를 치렀습니다. 저런 상간녀와 친한 K 씨도 똑같은 인간일 거라며 비난을 받게 된 것입니다. 이렇듯 옳고 그름의 기준이 없이 타인과의 갈등을 두려워하면서 살아온 대가는 K 씨에게 독으로 돌아왔습니다. 까칠함을 피하고 좋은 게 좋은 거라는 K 씨의 사고방식은 서로에게 얄팍하며 질 떨어지는 인간들이 곁에 모이게 만들었기 때문입니다.

이것은 어린 시절에 철이 없을 때 보통 많이들 저지르는 실수입니다. 어떤 사람인지 제대로 살피지 못하고 지인으로, 친구로, 애인으로, 배우자로, 내 인간관계 바운더리 안으로 들이고는 하지요. 같은 동네에 살아서, 같은 학교를 다녀서, 같은 직장을 다녀서 등등 물리적 거리가 관계를 선택하는 기준이 되고요. 나에게 잘해준다는 이유로, 같이 놀면 재미있다는 이유만으로 친구로, 연인으로 발탁해서 그를 내 곁에 둡니다. 인간관계를 유지하는 동안 그가 인성이 좋지 않은 사람이라는 것을 알게 되어도 그 관계를 계속 지키려고 합니다. 인간관계의 갈등을 피하기 위해 적당히 눈감아주고 적당히 양보하고 적당히 타협하며 살아가는 패턴입니다.

인간관계의 갈등을 피하지 말고 부딪힙시다. 그것이 바로 내가 나답게 살기 위한 첫 걸음이기 때문입니다.

A에게 받은 상처는
B에게서 치유받을 수 있다

타인과의 관계에서 과거에 힘든 경험을 한 사람들은 그 기억을 두고두고 끄집어내 곱씹습니다. 그 사람이 왜 그런 행동을 했는지, 나는 왜 그런 힘든 일을 당해야만 했는지 답 없는 도돌이표 물음을 스스로에게 던집니다. 타인과 갈등이 생긴 이유에 대한 궁금증과 상대방을 이해해보려는 노력, 자신의 무가치함이나 무능력을 곱씹고 또 곱씹습니다.

또한 현재 타인과의 관계에서 힘든 경험을 하고 있는 사람들은 상대방에게 지속적으로 같은 질문을 하고 자신이 바라는 것을 계속해서 요구합니다. 왜 나를 사랑해주지 않는 건지, 왜 내 생각대로 해주지 않는 건지, 왜 나를 이해해주지 않는 건지 등등 끊임없이 '왜'라는 질문을 던집니다. 상대방을 내 입맛대로 바꾸려는 노력을 지치지도 않고 계속해서 합니다. 혹은 상대방에게 사랑받고 인정받기 위한 노력을 지속합니다. 이 모든 노력들이 허공에 떠도는 무의미한 메아리라는 것을 모르고 말입니다.

타인에게 받은 감정적 학대의 기억

30대 초반 A 씨는 부모님의 보살핌을 받지 못한 채 어린 시절을 보냈습니다. A 씨의 엄마는 아버지가 돌아가시자마자 어린 자식들을 시골 친정에 맡기고 혼자 도시로 나가 살았습니다. 이 남자, 저 남자와 동거하면서 자기 삶을 살았고, 아이들에게는 1년에 한두 번 정도 내킬 때 들렀습니다. 그렇게 가끔씩 만날 때마다 옷을 사주고 용돈을 주었습니다.

A 씨는 엄마가 오기를 기다리며 정말 열심히 살았습니다. 공부도 열심히 하고, 동생들도 열심히 챙기고, 외할머니의 집안일도 열심히 도왔습니다. 외할머니는 삶이 힘들 때마다 A 씨를 화풀이 대상으로 삼았지요. 그러나 어린 A 씨는 외할머니의 힘듦을 이해했고, 엄마의 삶 또한 이해했습니다. 엄마가 자식들을 고아원에 안 버린 것만으로도 감사하다고 생각했습니다. 그러면서 자신이 어른들의 말을 잘 듣는 아이가 되면 외할머니가 신경질

내면서 손찌검하지 않을 거라고 기대했습니다. 엄마가 도시에서 돈을 벌면 자식들을 데리고 갈 거라는 희망도 가졌습니다. 하지만 A 씨가 또래들과 다르게 투정 한 번 부리지 않는 착한 아이로 자랐는데도 외할머니의 화풀이는 계속되었고, 엄마는 자식들을 도시로 데리고 가지 않았습니다.

A 씨는 고등학교를 졸업하고 도시로 나와 돈을 벌면서 엄마에게 본격적으로 효도를 하기 시작했습니다. 매해 어버이날과 엄마 생일에는 비싼 선물을 꼭 챙깁니다. 엄마의 그 어떤 과한 요구도 거절한 적 없습니다. 엄마는 자신에게 무슨 일이 생기면 A 씨가 직장에 있다는 것도 아랑곳하지 않고 30분이고 한 시간이고 하소연하면서 감정 쓰레기통 역할을 시킵니다. A 씨의 삶은 '우리 엄마는 왜 자식들을 데리고 가서 함께 살지 않는 것일까?'라는 의문과 '내가 할머니의 말을 잘 들으면 엄마가 자식들을 데리고 도시에 나가 같이 살 거야'라는 기대, '엄마에게 효도하면 엄마가 나를 사랑해줄 거야'라는 희망으로 가득 채워져 있습니다. A 씨의 삶은 이를 증명하기 위한 노력이 전부라고 해도 과언이 아닙니다.

그러던 중 A 씨가 엄마의 생일을 깜박 잊고 못 챙긴 일이 있었습니다. 코로나에 걸려 몸이 힘들어서 엄마의 생일을 그냥 지나친 것입니다. 나중에 엄마에게 사정을 설명했지만, 엄마는 A 씨가 코로나 후유증으로 현재도 몸이 힘든 상태라는 것을 아랑곳하지 않고 부모 생일도 안 챙기는 나쁜 딸이라며 A 씨를 비난했습니다. 그 일을 계기로 A 씨는 엄마가 자식들보다 스스로의 삶을 더 중요하게 여기는 사람이라는 것을 깨달았습니다.

그 뒤로 A 씨는 엄마와 거리를 두기 시작했습니다. 지금도 여전히 엄마는 본인의 몸이 아프면 A 씨에게 전화해서 당당히 돌봄을 요구합니다. A 씨의 엄마는 아이들을 고아원에 버리지 않고 친정에서 키웠다는 것으로 자식들에게 당당히 돈을 요구하고 자신을 돌볼 것을 기대할 자격이 있다고 생각합니다. A 씨 엄마의 관심은 '자식들이 자신에게 무엇을 얼마나 잘해주느냐'이지, '자식들이 행복한 삶을 사느냐'는 안중에도 없습니다. A 씨가 어린 시절 돌봄을 받지 못하고 외할머니에게 방임 및 학대를 당한 삶이었다는 것도 역시 엄마는 관심이 없습니다.

A가 준 마음속 상처에 B가 준 사랑을 채워라

A 씨는 그동안 엄마가 어떤 사람인지 보려고 들지 않았습니다. 장밋빛 환상을 씌워 본인이 보고 싶은 것만 봐왔습니다. 그래서 A 씨는 엄마와 같은 도시에 살면서도 늘 외로웠습니다. 사람들

이 '엄마'를 생각하면 느껴지는 가슴 따뜻한 안온함이 A 씨에게는 없습니다. 그러면서도 이번 일로 엄마와 거리를 두려고 생각하면 A 씨는 죄책감 때문에 괴롭습니다. 그러나 A 씨는 외로움과 괴로움 중에서 과감히 외로움을 선택했습니다. 현재 A 씨는 엄마와 잘 연락하지 않습니다. 꼭 필요한 일은 여동생을 통해서 연락을 받습니다.

결혼 후 시댁의 삶을 들여다본 후에야 자신의 엄마가 일반적이고 상식적인 엄마가 아니었다는 것을 A 씨는 비로소 알게 되었습니다. 결혼 전 남편은 시어머니에게 편하게 투정을 부리고 아웅다웅 다투기도 했지만 시어머니가 항상 저주는 모습이었습니다. 아들의 투정을 너그럽게 받아넘기며 아들을 알뜰살뜰 챙기는 모습은 A 씨에게 충격을 주었습니다.

A 씨는 자신의 엄마에게서도 받아보지 못한 부모의 사랑을 시어머니를 통해 받고 있습니다. A 씨의 남편 또한 아내를 사랑하고 가족에게 최선을 다하는 좋은 사람입니다. A 씨는 성품 좋은 시댁 식구들과 남편을 만나 자신도 당연히 사랑을 받아야 하는 귀한 존재라는 것을 어렴풋이 깨닫게 되었습니다. 뭘 열심히 하지 않아도 인간으로서 존중받아야 하는 사람이라는 것도 알게 되었습니다. 그러면서 항상 무언가 열심히 자신의 역할을 해내야만 외할머니의 화풀이가 덜했고 열심히 효도해야만 엄마가 한

번이라도 돌아봐주지 않을까 전전긍긍했던 삶의 악몽에서 서서히 벗어나고 있습니다.

인간관계에 대한 긍정 콘텐츠를 늘려라

타인에게 받은 상처는 그 사람을 들쑤신다고 해서 사라지지 않습니다. 그동안 A 씨는 엄마를 이해하고 엄마의 사랑과 인정을 받기 위해 노력하면서 엄마와 자신의 관계를 곱씹었으나 엄마에게서 받은 상처는 사라지지 않았습니다. 엄마와의 관계도 항상 제자리걸음이었습니다. 이기적이고 자신만 아는 엄마는 착취하는 쪽이고 순종적이고 착한 A 씨는 착취당하는 쪽의 프레임이 지속되었습니다. 이 굳건한 관계의 틀은 어린 시절부터 성인이 되기까지 지속되었고 계속 지속될 것처럼 보였습니다. 왜냐하면 인간은 스스로 변하고자 하는 노력이 없으면 절대로 변하지 않는 존재이기 때문입니다.

그런데 A 씨는 이 프레임을 깨뜨렸습니다. 엄마와 거리 두기에 나서면서 더 이상 엄마가 자신을 착취하게 내버려두지 않았습니다. 이제껏 살아온 삶의 콘텐츠 중 대부분을 엄마가 차지했기에 결코 쉬운 일은 아니었습니다. 엄마와 관련된 삶의 역사

가 단번에 잘려나가, 그 자리를 무엇으로 채워야 할지 몰라 우왕
좌왕했지요. 마음이 허하고 인생이 공허하게 느껴졌습니다. 그
러나 A 씨는 이를 해냈고, 엄마로 인한 부정 콘텐츠를 다른 타
인들과의 긍정 콘텐츠로 채웠습니다. 새로 생긴 '의미 있는 타인
(Significant others)'인 남편과 시댁을 통해 처음부터 하나하나 채
워 나가고 있습니다.

A 씨는 더 이상 친정 엄마의 사랑을 갈구하지 않습니다. 지
금은 친정 엄마가 어떤 사람인지 객관적으로 잘 알고 있으며, 변
하지 않을 사람이라는 것도 잘 알고 있습니다. 그동안 엄마에게
했던 수많은 노력들이 의미가 없었다는 것을 받아들이기까지 괴
롭고 힘들었지만, A 씨는 그 모든 것을 겸허히 받아들였습니다.
그래서 지금은 '친정 복은 없지만 남편 복과 시댁 복은 있는 사
람'이라고 담담히 말할 수 있게 되었습니다. 지금은 남편과 만든
자신만의 꽃밭을 가꾸는 데만 신경을 쓰고 있지요. 가끔씩 시어
머니가 주시는 거름을 뿌리면서 열심히 가꿉니다. 더 이상 내 꽃
밭에 잡초가 자라나 휘젓는 것을 두고 보지 않을 겁니다. 엄마가
잡초 역할을 할 기미가 보이면 딱 선을 긋습니다.

A 씨는 타인으로 인해 생긴 부정적이고 힘든 기억은 절대 사
라지지 않는다는 것을 잘 알고 있습니다. 그동안 그 기억을 억지
로 왜곡하고 미화하는 방식으로 받아들였던 것도 잘 알고 있습

니다. 자신의 삶이 계속 힘들고 행복하지 않은데도 앞으로 나아
질 거라고 생각하고 엄마를 위해 쓸데없는 노력을 했다는 사실
도 깨달았습니다. A 씨는 그 경험과 기억은 그대로 둔 채 새로 생
긴 의미 있는 타인과의 긍정 콘텐츠를 하나하나 쌓아가고 있습
니다. 그러다 보니 신기하게도 자신의 힘든 과거와 엄마와의 힘
든 경험이 상대적으로 쪼그라들면서 A 씨에게 서서히 영향을 미
치지 않게 되었습니다. 즉, 긍정 콘텐츠를 늘려서 부정 콘텐츠가
상대적으로 줄어드는 전략을 택한 겁니다. 그리고 이 전략은 성
공적이었습니다.

관계 문제는 다른 관계 맺기로 풀어야 한다

이렇듯 타인과의 관계 문제는 또다른 관계 맺기를 통해 현실에
서 풀어야 합니다. 그 타인이 꼭 같을 필요는 없습니다. 오히려
다른 사람에게 푸는 경우가 훨씬 더 많습니다. 상처를 준 당사자
가 개과천선해서 새로운 관계의 프레임을 짜고 새로운 긍정 콘
텐츠를 만드는 경우는 거의 없기 때문입니다. A 씨의 엄마가 이
제라도 정신을 차리고 딸을 위해 최선을 다하는 평범하지만 따
뜻한 친정 어머니로 다시 태어나서 A 씨와 함께 긍정의 콘텐츠

를 쌓는 일은 없을 겁니다.

그러나 많은 사람들은 타인에게서 받은 상처를 그 당사자와 풀기를 원하면서 자신의 인생을 낭비하고 있습니다. 이 또한 진짜 관계가 아닌 '내 쪽에서 일방적으로 만들어낸 기대와 환상의 가짜 관계'입니다. 물론 가짜 관계의 환상을 깨는 것은 고통스러운 일입니다. A 씨 역시 엄마와 거리를 둬야겠다고 생각하면서 죄책감 때문에 힘들었고, 그동안 인생의 대부분을 차지했던 엄마와의 콘텐츠를 들어내면서 공허함을 느꼈습니다. 하지만 A 씨는 이를 해냈습니다.

가짜 관계에서 만들어진 부정의 콘텐츠가 내 삶을 채우면 진짜 관계에서 만들어진 긍정의 콘텐츠가 들어올 공간이 없어집니다. 그래서 우리는 가짜 관계를 정리하고 진짜 관계를 열심히 만들어내야 합니다. 그 과정이 아무리 괴롭고 힘들더라도 말입니다.

부정적인 감정을
타인에게 옮기지 않는 성숙함

20대 후반 K 씨는 남자 친구와 연말 휴가 차 남해안 여행을 갔습니다. 저녁에 펜션에서 하루 묵고 다음 날 차를 타고 이동하려고 하니 차량에 시동이 안 걸렸습니다. 추운 날씨 때문에 자동차 배터리가 방전된 것이지요. 긴급출동 서비스를 불러 배터리를 충전하면 되는데 남자 친구가 과도하게 짜증을 냅니다. '차량으로 5분 거리에 있는 해장국 맛집에 아침을 먹으러 가야 하는데, 이 상황이 정말 짜증이 난다' '왜 하필이면 여행을 온 상황에서 아침을 먹으러 가는 이때 방전되었는지?' '내가 하는 일은 항상 그렇다. 나는 어떤 일이든 운이 없는 사람이다' 등등 내내 이런 짜증과 투덜거림을 듣고 있는 K 씨는 마음이 불편했습니다. 남자 친구가 뿌려댄 짜증 바이러스는 곧 K 씨에게도 전염되었지요. 남해안에 여행을 오자고 한 자신이 괜한 계획을 잡았나 싶습니다. 여행이고 아침 식사고 안중에 없어지고 남자 친구의 심기만 살피며 눈치를 보는 불편한 상황이 두어 시간쯤 계속됐습니다.

내 에너지를 잡아먹는 사람은 끊어내라

K 씨의 남자 친구는 짜증을 많이 내는 편입니다. 사소한 일에도 짜증을 내는 게 다반사입니다. K 씨의 사소한 실수로 일이 틀어질 때 짜증을 내는 건 당연한 일입니다. 직장에서 힘든 일이 있을 때면 K 씨와 있는 자리에서 직장 상사 욕을 마구 하며 역시 짜증을 냅니다. 그럴 때 K 씨가 직장 상사의 입장은 이러저러할 수도 있다고 말하면 K 씨에게 짜증의 화살이 돌아옵니다. 어떤 때는 화를 낼 일이 아닌데 화를 내기도 합니다.

한번은 차를 같이 타고 가다가 이런 일도 있었습니다. 다소 무례하게 운전하는 차량 때문에 화가 나서 클랙슨을 울리자, 상대방 차량이 비상 깜박이를 켜며 나름대로 사과를 했습니다. 그런데도 K 씨의 남자 친구는 그 차량의 옆을 지나가며 운전석 쪽 창문을 내리고 가운데 손가락을 올려서 욕을 하며 화를 냈습니다. 그러자 상대방 차량이 K 씨 커플이 탄 차를 막아 세웠습니다.

싸움이 시작되려는 순간, K 씨가 얼른 내려서 상대방 운전자에게 사과해서 간신히 상황이 마무리됐습니다.

K 씨의 남자 친구는 대기업에 다니고 대출이 있기는 하지만 서울 시내에 아파트를 소유하고 있으며 키도 크고 호감형 외모를 지닌, 조건 좋은 미혼 남성입니다. 소개팅을 통해 만나서 1년 넘게 사귀고 있으나 K 씨는 남자 친구와 만나면 마음이 불편합니다. 데이트하고 난 후에 찜찜하고 불유쾌한 감정으로 마무리 짓는 일이 많습니다. K 씨는 남자 친구와 계속 만날지 심각하게 고민중입니다.

자신의 부정적인 감정과 생각을 흩뿌리면서 남의 에너지를 잡아먹는 사람들이 있습니다. 그런 사람과 만나면 에너지가 소진됩니다. 한 시간도 넘게 하소연을 들어준 뒤 상대방을 위로하려고 격려도 해주고 조언도 해주지만, 이삼 일 후 상대방의 패턴은 똑같이 반복됩니다.

감정 쓰레기통이 된 기분

1년 넘게 친구의 하소연을 들어주면서 이런저런 피드백을 해주던 P 씨는 어느 날에 친구가 자신에게 원한 건 감정 쓰레기통 역할이었다는 것을 문득 깨달았습니다. P 씨는 친구와 만나 하소연을 들은 날에는 뭐 특별히 힘들게 한 일이 없는데도 진이 빠지고 몸이 녹초가 됩니다.

L 씨 또한 비슷한 상황입니다. L 씨의 남편은 얼마 전 부부싸움을 하다가 L 씨에게 프라이팬을 던지기도 했고요. 얼마 전 L 씨의 여동생 부부가 몸이 불편하신 친정 부모님이 병원에 가실 때 모시고 다니기 편하겠다는 생각에 커다란 SUV차를 샀습니다. L 씨의 남편은 그 말을 듣자마자 형편도 안 되는데 수준에 안 맞는 과한 차를 산 것 같다, 여동생 부부는 처갓집 종 노릇하는 게 취미인 것 같다며 비아냥거리기도 했습니다.

K 씨, P 씨, L 씨는 어느 순간부터 남자 친구에게, 친구에게, 남편에게 입을 닫았습니다. 더 이상 상대방에게 솔직하지 않으며, 상대방과 있을 때는 심기를 불편하게 하지 않으려 노력합니다. 상대방과 대화를 하는 게 힘들고 어렵습니다. 자신의 말과 행동의 의미를 일일이 처음부터 설명해야 하는 것이 지칩니다. 상대방의 행동 때문에 자신이 얼마나 힘들고 마음을 다쳤는지 얘기하는 것도 버겁습니다. 적어도 몇 번은 이야기한 것 같은데 그들은 귓등으로도 듣지 않습니다. 다른 사람의 마음을 들여다보려고도 하지 않습니다. 단지 자신의 부정적인 감정과 생각을 합리화하기에 급급합니다.

나에게도 타인에게도
감정노동을 강요하지 마라

내가 짜증이 난다는 것과 누군가에게 짜증을 낸다는 것은 전혀 다른 문제입니다. 그런데 많은 사람들이 이를 동일하게 생각합니다. 어린아이들은 이 두 가지를 구별하지 못합니다. 배가 고프면 울고 기저귀가 축축하면 웁니다. 내가 가지고 싶은 장난감을 사달라며 떼 쓰는 것도 흔히 볼 수 있는 행동입니다. 그러나 나이가 들면 상대방에게 부정적인 감정을 그대로 흩뿌리는 건 옳지 않다고 생각하게 됩니다. 상황과 맥락을 고려하고, 자신의 부정적인 감정을 받아들이는 타인의 마음을 헤아리게 되지요.

요즘 서점에선 자신의 감정을 소중히 여기라는 책을 쉽게 찾아볼 수 있습니다. 자신의 감정을 열심히 읽어주고 타당화하라고 요구합니다. 이때 주의해야 할 것이 있습니다. 자신의 감정을 타당화하는 것과 그 타당화된 감정을 타인에게 표현하는 것이 동의어가 아니라는 사실입니다. 우리는 '(내가) 짜증이 난다'와 '(남에게) 짜증을 낸다'는 말의 차이점을 알아야 합니다. 타인에게 감정을 솔직히 표출하는 것이 꼭 바람직하지만은 않습니다. 어떤 상황에서도 타인에 대한 예의와 존중을 지키는 것이 중요합니다. 아이가 누구에게 맞고 속상해하는 감정은 당연한 것입니다. 바보같이 왜 맞고 다니냐면서 아이의 감정을 무시하면 안 됩니다. 그러나 상대방을 때리고 싶으면 너도 똑같이 때려주라고 말하는 것도 적절하지 않습니다. 이럴 때는 학교에 요구해 학폭위원회를 열고 경찰에 폭행으로 고소하는 것이 상황과 맥락에 따른 적절한 대응 방법입니다.

즉 내가 상대방에게 느끼는 어떤 감정은 나에게는 진실이지만, 타인과 세상을 집어넣어 상황과 맥락을 거치면 그 감정이 절대선이 아닐 수도 있습니다. 또한 진실이든 아니든 타인에게 부정적인 감정을 흩뿌릴 권리는 그 누구에게도 없습니다. 내가 타인에게 부정적인 감정을 흩뿌리는 사람이라면 타인은 나와의 관계에서 단지 겉으로 보이는 평화로움만 추구하며 가짜 관계를 맺게 됩니다. 부정적인 감정을 갈무리하지 못하고 타인에게 흩뿌리는 사람들은 타인에게 감정노동을 시키는 것입니다. 부정적인 감정을 흩뿌리는 사람 옆에 있는 사람들은 사적인 영역에서 감정노동을 강요당하는 셈입니다.

나의 부정적인 감정은 혼자 해결해라

타인에게 부정적인 감정을 흩뿌리는 사람들을 이해해보려고 노력할 필요는 없습니다. 이는 이해를 가장한 인내심을 기르라는 얘기고, 포용과 수용을 가장한 포기를 익히라는 말이기 때문입니다. 사적인 영역에서도 공적으로 고객을 대하는 서비스 직원의 마음이 되어 고객의 마음을 이해해보라는 요구와 똑같습니다.

K 씨의 남자 친구는 지배적이고 성취 지향적인 아버지와 만사 수동적인 어머니 사이에서 힘들게 자랐을 가능성이 있습니다. 공부만 강요하는 집안 분위기에서 정서적인 부분은 전혀 보살핌을 받지 못했거나 때때로 좌절감과 무력감을 느꼈을 수도 있습니다. 그래서 자신의 뜻대로 되지 않는 상황에 대한 짜증과 분노가 가장 가까운 사이인 여자 친구에게 분출되었을 수도 있습니다. 또한 L 씨의 남편은 고성을 지르고 물건을 던지며 싸움박질을 벌이는 부모 밑에서 힘든 어린 시절을 보냈을 수도 있습니다.

그러나 K 씨의 남자 친구, L 씨의 남편의 과거 삶을 타인들이 들여다볼 필요도, 이해할 필요도, 감당할 필요도 없습니다. 또한 그 삶으로 인해 뿜어내는 부정적인 감정 바이러스가 당연시되어서도 안 됩니다. 어떤 이유가 되었건 어떤 과거가 있었건 타인에게 부정적인 감정을 표출하는 사람은 그 누구와도 진짜 관계를 맺기 어렵습니다.

나의 과거와 이로 인한 나의 부적절한 부정적 감정은 나 혼자 감당해야 합니다. 나 또한 상대방의 과거와 부정적인 감정을 감당할 필요가 없습니다. 우리는 타인에게 감정노동을 시켜서도 안 되며, 감정노동을 당해서도 안 됩니다. 감정노동은 가짜 관계의 시작입니다. 감정노동을 하는 것은 그 누구도 좋아하지 않으며, 감정노동을 하게 만든 상대방에게 호감을 갖기도 어렵습니다.

타인에게 예의를 지키기 위해 감정노동을 지나치게 열심히 하라는 의미는 아닙니다. 상황에 맞는 적절한 예의와 존중만 지키자는 뜻입니다. 누군가를 위해 감정노동을 하다 보면 내 솔직한 감정을 감추고 또 다른 나를 만들어 페르소나를 뒤집어쓰게 되지요. 그러면 속마음은 반대하는데 겉으로는 찬성하는 척해야 합니다. 이 상황이 짜증나지만 상대의 짜증을 돋우지 않기 위해 웃음을 띠고 상대를 달래고 있습니다. 나의 실제 정서와 드러내고 표현되는 정서가 달라 정서적 부조화가 나타납니다.

정서적 부조화가 일어날 경우 해결 방법이 있습니다. 상황에 적절하게 '부정적 정서의 강도'를 조절하는 것입니다. 차가 고장나서 짜증이 나는 상황인데도 속마음과는 다르게, 이것도 나름 경험이니 즐거운 척하라는 것이 아닙니다. 속으로 난 짜증을 타인에게 겉으로 과하게 흩뿌리지 말자는 뜻이지요. 화가 났을 때는 '왜 내가 당신의 어떤 행동에 화가 났는지'를 차분하게 조목조목 설명해야 합니다. 화가 나는 상황에서 화를 내는 건 당연한 일입니다. 다만, 타인에 대한 존중을 잃지 않고 품격을 지키며 적절한 화를 내자는 겁니다. 상황에 맞는, 적절한 정도의 부정적인 감정 표출은 상대방으로 하여금 잘못한 점을 스스로 돌아보게 해줍니다. 그러나 과도한 부정적인 감정 표출은 상황과 맥락을 상실하고, 단지 화를 내는 당사자의 부적절한 행동에만 초점이 맞추어질 뿐입니다.

혹시 내가 나도 모르게 나의 부정적인 감정을 마구 내뿜으면서 상대방에게 감정노동을 강요하고 있는지 살펴봅시다. 서로가 서로에게 솔직할 수 있는 관계가 진짜 관계입니다. 갑과 을의 관계가 정해져 누군가를 위해 감정노동을 하면서 속마음을 감추고 대하게 된다면 그 대상과는 영원히 가짜 관계를 갖게 될 뿐입니다.

내 감정과 판단이
항상 옳은 것은 아니다

자신에게 결핍된 과거가 있고 이로 인해 콤플렉스가 있다면 자신이 옳지 않을 수도 있다는 것을 알아야 합니다. 왜냐하면 나의 결핍은 나의 왜곡된 프리즘을 만들어내기 쉽기 때문입니다. 힘든 과거는 때로 타인을 향한 긍정 감정의 프리즘을 왜곡시킵니다. 소위 '금사빠'가 여기에 해당합니다.

금사빠 : 외로워서 타인을 내가 바라는
이상형으로 착각하는 것

애정을 받고자 하는 욕망이 큰 사람들은 남이 보여주는 사소한 호의를 크게 증폭시킵니다. 이들은 '확증편향(Confirmation Bias)'에 쉽게 빠지며, 자신이 바라는 대상으로 상대방을 쉽게 이상화합니다. 결핍으로 인해 타인과 관계를 맺으면서 의미 있는 진짜 관계를 만들어 나가지 못하기 때문에 이들은 약간의 친절함에도 쉽게 넘어갑니다.

금사빠들은 짧은 시간에 상대방을 자신의 입맛에 맞는 허구의 대상으로 만들고, 그 상대방이 자신의 외로움을 없애줄 거라는 환상을 덧씌워 생각합니다. 이성과 쉽게 사랑에 빠지고 다시 없을 이상형을 만났다며 호들갑을 떨지요. 예를 들면 몸살이 났을 때 밤늦게 감기약을 사온 상대방에게 감동해서 결혼을 결심합니다. 내가 힘들고 어려웠을 때 사소한 친절을 베풀어준 친구와 둘도 없는 '베프'가 됩니다. 그 친구가 회사 경비를 쓰면서 소소하게 돈을 횡령하는 비도덕적인 사람이어도 그럴 수밖에 없었던 사정이 있을 거라며 억지로 합리화합니다.

금사빠들이 가진 긍정의 프리즘은 '나에게 친절한가 친절하지 않은가'에 좌우됩니다. 친절함을 발휘하는 상대에게는 바로 호감을 느끼며 쉽게 가까워집니다. 혼자 있는 시간을 못 견뎌 해서 누군가의 사소한 친절을 확대해석하고 금방 내 주변에 상대방을 가져다 놓습니다.

'애정이 식었어' 자기 확신이 만들어낸 지옥

금사빠들은 반대로 부정의 프리즘도 활성화되어 있습니다. 회사 동료가 나에게 인사하지 않고 지나가면 그 사람이 회사 일로 바빴을 거라는 생각은 들지 않습니다. 나를 싫어해서 인사를 안 하고 못 본 척하나 단정 짓지요. 다른 사람들이 얘기하면서 웃고 있으면 나를 비웃는 게 아닌가 하는 생각이 먼저 듭니다. 또 회사 상사의 부정적인 피드백도 듣기 힘듭니다. 회사 상사는 일에 대해 지적했을 뿐인데, 나라는 사람 자체를 무능력한 사람이라고 지적하는 것 같습니다. 남자 친구가 회사 일이 바빠서 생일을 깜박 잊어버리고 지나갈 때도 나에 대한 사랑이 식었다는 부정적인 생각이 금세 듭니다. 이처럼 결핍은 타인에 대한 지각의 오류 혹은 상황 해석의 오류를 만들어내서 나의 감정을 증폭시킵니다. 때로는 긍정의 감정을, 때로는 부정의 감정을 크게 만들어냅니다.

30대 후반 J 씨는 프랜차이즈 외식업체 점주입니다. J 씨는 아르바이트생들에게 정을 많이 주면서 스스로를 힘들게 합니다. 아르바이트생은 아르바이트생일 뿐인데 J 씨는 더 없이 살갑게 대합니다. 혼자 자취하면 남은 음식을 챙겨주거나 집에서 김치나 밑반찬을 가져다 주기도 합니다. 정당하게 지적해야 할 일도 좀처럼 지적하지 못합니다. 본인의 사정으로 그만두겠다고 말하면 그게 그렇게 섭섭합니다. 내가 뭘 잘못해서 그런가 머릿속이 복잡해집니다. 작은 실수를 곱씹으며 '혹시 그 일 때문에 아르바이트생이 상처받았나' 나의 행동을 되돌아보기도 합니다. 다행히도 J 씨는 어린 시절부터 제대로 된 관계에서 제대로 된 정을 주고받지 못했던 자신의 결핍 때문에 정에 굶주려서 그런 것 같다고 스스로를 잘 파악하고 있습니다.

내 감정이 옳다고 주장하기 전에
객관적 상황을 살펴라

결핍의 반대말은 풍요가 아닙니다. 결핍의 반대말은 '합리'입니다. 결핍과 동의어는 비합리입니다. 결핍이 있는 사람은 비합리를 곳곳에 흩뿌리기 때문입니다. 예를 들어 힘든 아버지와 착한 어머니 사이에서 자란 W 씨의 과거는 결핍으로 가득 차 있습니다. W 씨는 항상 어머니가 불쌍하고 안쓰럽습니다. 그래서 어머니에게 과한 효도를 할 것을 아내에게 요구해 갈등이 있습니다. 아내 입장에서 보면 W 씨의 효도는 합리적이지 않습니다. 생활비가 빠듯한 상황인데도 어머니에게 다달이 과한 생활비를 보냅니다. 다른 형제들과 분담하자고 요구하니 이기적인 사람이라고 매도합니다. 15년을 같이 산 아내의 생일에 실반지 하나 선물할 생각을 못 하면서 어머니의 칠순에는 무리해서 과한 선물을 합니다. 이렇듯 결핍이 만들어낸 세상은 비합리의 세상입니다. 상황과 맥락이 없어지고 어머니에게 효도하겠다는 마음만이 W 씨의 기준이 됩니다.

자식의 삶을 통제하는 어머니 밑에서 자란 T 씨도 마찬가지입니다. 시댁의 과한 간섭과 통제에 반기를 든 아내의 모습에 T 씨 주변 사람들조차 어머니가 너무 했다고들 합니다. 그러나 T 씨는 어머니에게 올바른 소리를 해본 적이 없습니다. 어머니가 화를 낼 때마다 T 씨는 두렵고 무섭습니다. 어머니가 이런 부분을 잘못했고 그 때문에 아내가 상처를 받았다는 객관과 합리는 T 씨의 머릿속에 없습니다. 이번 명절에 시댁에 가지 않으려는 아내의 눈치를 보며 어머니가 화가 좀 풀리신 것 같으니 다행이라고 말하는 T 씨를 보며 아내는 어처구니가 없습니다. T 씨가 가진 삶의 기준은 어머니의 심기 불편함이었던 겁니다.

W 씨와 T 씨의 어머니를 생각하는 주관적인 감정은 옳습니다. 그러나 상황과 맥락을 집어넣으면 그 감정은 옳지 않을 수도 있습니다. W 씨의 아내와 T 씨의 아내는 시어머니를 생각하면 불편하고 싫은 감정이 올라옵니다. 물론 이 주관적인 감정은 옳

습니다. 그리고 상황과 맥락을 집어넣었을 때도, 객관적 현실에서도 그 감정은 옳습니다.

이렇듯 상황과 맥락을 보지 못하면 자기 감정의 옳고 그름을 제대로 보지 못합니다. 즉, 자신의 감정에 대한 메타인지가 생기지 못합니다. W 씨는 아내를 정 없고 이기적인 사람이라고 비난합니다. 신혼 초 W 씨의 아내는 남편의 말이 맞다고 여겨 자신의 불편한 감정을 꾹 눌렀습니다. 어머니의 힘든 인생을 이해해보려고 애썼고, 남편의 마음도 이해해보려고 애썼습니다. 그러나 도를 넘는 남편의 과한 효도에 남편의 주관적 말이 아닌 객관적 상황과 맥락을 들여다보게 되니 남편의 감정은 과하고 남편의 말은 옳지 않다는 것을 알게 되었습니다.

T 씨 또한 마찬가지입니다. 세월이 지나 주변을 보니 자신의 삶이 제대로 된 삶이 아니었다는 것을 깨달았습니다. 시어머니의 감정에 주눅 들고 불안을 느끼는 자신의 감정이 옳지 않았다는 것도 알게 되었습니다. 객관적 상황과 맥락을 집어넣으니 시어머니는 이기적인 나르시시스트라는 것이 보였습니다. 시어머니가 싫고 혐오스러운 내 감정이 옳으며, 지금처럼 서로 연락하지 않는 관계를 유지하고 싶은 마음이 드는 게 당연하다는 것도 알게 되었습니다.

우리는 나의 감정을 옳다고 말할 때 현재의 객관적 상황이

나 맥락과 부합하는지 살펴야 합니다. 그게 아닐 경우, 그 감정은 타인을 향한 또 다른 횡포가 될 수 있습니다. 사이비 종교를 믿는 시댁 때문에 스트레스를 받았다고 어린이집에 다니는 딸의 밥을 챙겨주지 않고 방임하는 행동은 결코 옳다고 할 수 없습니다. 과거에 무심했던 남편 때문에 상처를 받았다고 남편이 벌어오는 돈을 함부로 쓰면서 당연하다고 여기는 것도 옳지 않습니다. 이렇듯 과거의 결핍을 현재 상황에 끌고 오는 것은 옳지 않습니다.

현재 내 주변에 있는 사람은 그 결핍을 감당할 아무 의무와 책임이 없습니다. '나의 감정이 옳다. 나의 생각이 옳다. 그래서 나는 항상 옳으며 타당하다'는 마음은 위험합니다. 현재 상황과 맥락을 빼놓고 내가 옳다고 세상에 외치는 건 세상이 나를 중심으로 돌아간다고 생각하며 타인을 존중하지 않는 태도입니다. 자기 몰입에서 벗어나 타인과 세상을 두루두루 살피는 자세가 우리 모두에게 필요합니다.

화를 내야 할 때,
내지 말아야 할 때를 구분하라

타인의 삶을 조정하기 위해 가장 많이 이용하는 감정이 죄책감
이라면 내가 타인에게 부정적 감정을 흩뿌릴 때 가장 많이 느끼
는 감정은 '분노(Anger)'입니다. 분노의 감정은 상황이 자신의 뜻
대로 되지 않았을 때 즉각적으로 느껴지는 감정입니다. 여기서
말하는 분노는 꼭 '화'만 의미하지 않습니다.

　타인과의 관계 맺음에서 느껴지는 분노는 여러 가지 다양
한 감정으로 나타납니다. 누군가에 대한 '짜증(Irritation)'이나 '성
가심(Annoyance)' 또한 분노의 옅은 형태입니다. 분노가 격해지
면 '격노(Rage)'의 형태로 나타나기도 합니다. 분노의 감정은 한
가지로만 이루어진 것이 아닙니다. 사랑하는 사람이 세상을 떠
났을 때의 슬픈 감정에는 '왜 나에게 이런 일이 일어났는가' 하는

분노의 감정도 한편에 자리하지요. 나를 학대하고 방임한 부모에게 분노를 느끼면서 동시에, 그런 자신에 대한 죄책감도 같이 느낍니다. 타인의 부정적 판단으로 자신의 가치가 의심될 때 수치심을 느끼면서 동시에 이것밖에 되지 않는 못난 자신에게 스스로 분노합니다. 즉, 우리가 느끼는 많은 감정에는 분노라는 감정이 포함되어 있습니다. 그래서 우리는 때로 분노를 타인에게, 혹은 세상에 여과 없이 흩뿌립니다. 또 꼭 필요한 분노의 감정을 꾹꾹 우겨넣으면서 무시할 때도 있습니다.

나와 타인을 망치는 부당한 분노의 특성

30대 후반 K 씨는 항상 모든 것을 열심히 하는 사람입니다. 자식들이 어렸을 때를 제외하고는 일을 쉬어본 적이 없습니다. 아이들에게 인스턴트 음식이나 배달 음식을 거의 주지 않고 손수 만든 음식만 만들어 먹였습니다. 휴일에 못 다한 집안일을 몰아서 하는 와중에도 만두나 돈가스, 새우튀김을 만들어 냉동실에 쟁여 놓았습니다. 큰 평수 아파트로 이사 가기 위해 짬짬이 단기 부업도 합니다. K 씨는 자신처럼 열심히 살지 않는 남편과 아이들에게 화가 납니다. K 씨의 남편과 아이들은 지극히 평범한 사람이고, K 씨가 남들보다 훨씬 부지런하고 근성이 있는 편인데 K 씨는 그것을 알지 못합니다. K 씨는 열심히 살지 않고 나태한 남편에게 짜증을 내고, 말을 안 듣는 아이들에게 화를 냅니다. K 씨는 자신의 목표와 계획을 방해하는 가족들과 자신의 마음대로 통제되지 않는 현실에 늘 화가 납니다. K 씨는 넓은 평수의 아파트에 40대 중반 전에는 이사 가야 한다는 생각이 강합니다. 이 정도로 돌봐주었으면 아이들이 적어도 일정 수준 이상의 대학에 가는 게 당연하다고 생각합니다.

20대 중반 K 씨는 전에 다니던 직장에 산재 신청을 했습니다. 직장에서 왕따를 당해 힘들었다며 정신적 문제로 인한 산재였지요. K 씨가 직장을 상대로 고소한 것은 이게 처음이 아닙니다. 옛날에 일 년간 다닌 직장에서도 직장 내 괴롭힘 문제로 상사를 고소했습니다. K 씨는 세상 모든 사람들에 대한 분노에 꽉 차 있습니다. 회사에서 자신을 함부로 대한다, 자신을 무시했다면서요. 전에 계약직으로 일했던 직장에서는 자신이 열심히 일을 해 당연히 정규직으로 전환될 줄 알았는데 안 되자 노동청에 부당 해고로 고소한 적도 있습니다. 남들은 한 번 하기도 힘든 고소를 여러 번 하느라 머리가 항상 복잡합니다.

K 씨는 타인과 어떤 일이 생기면 자신의 존재감이 상처 받았다고 느낍니다. 자신의 책임이 일정 부분 있다는 것도, 자신에

게 유리한 선택이 어떤 것인지도 고민하지 않습니다. 상대방이 상처를 입혔고, 그러니 나는 복수해야 한다는 생각에 꽉 차 있습니다. 얼마 전 K 씨는 몇 개월 전 헤어진 여자 친구의 자취방에서 물건을 가져오면서 언성을 높이기도 했습니다. K 씨는 상담 중 여자 친구가 가스라이팅을 일삼아서 자신의 삶을 착취했다며 고소하겠다고 하소연했습니다. K 씨는 '편집성 성격장애'의 특성을 일부 가지고 있습니다. 타인을 믿지 못하며, 세상은 위험하다는 생각에 가득 차 있지요. 자신이 조금이라도 손해 보는 것 같으면 참을 수 없습니다. 과거를 곱씹고 곱씹으며 자기 인생이 풀리지 않은 원인을 타인에게서 찾아냅니다.

20대 후반 L 씨는 우울증과 공황장애를 앓고 있습니다. L 씨는 항상 남을 먼저 배려하는 성격입니다. 그래서 남의 하소연을 잘 들어주지만 본인의 하소연은 남에게 하지 않습니다. 남의 하소연을 들어주면서 지치고 힘들었던 적이 많아 자신이 그렇게 하면 남들도 지칠 거라 생각하기 때문입니다. 자신에게 닥친 문제는 혼자 해결해야 하며, 혼자 참아내고, 혼자 견뎌내야 한다고 생각합니다. 그러다 보니 타인과의 감정이 등가교환되지 않습니다. 자신은 우울증과 공황장애로 힘든 와중에도 항상 남들에게 맞춰주고 남들을 배려하며 삽니다. 이렇게 이타적인 L 씨도 분노의 감정을 느낍니다. 우울증과 공황장애를 앓고 있는 스스로의 나약함에 화가 나는 겁니다. 나만 남들이 평범하게 누리는 행복도 못 누리는 것 같습니다. 누군가에게 기댈 수 있으면 좋겠는데 그런 사람이 없는 현실에 화가 납니다.

　이렇듯 우리는 알게 모르게 분노의 감정에 휩싸입니다. 분노는 유일하게 우리가 행동화하게 만드는 정서입니다. 슬픔이나 불안, 혹은 공포의 정서는 우리를 위축되게 하고 회피하게 하는 정서라면, 분노는 어떤 대상에 접근해서 '외부적 행동화(Acting out)'할 수 있는 유일한 정서입니다. 그래서 분노의 감정은 양날의 칼입니다. 정당하고 합리적인 분노는 세상의 불의와 부조리에 대응하는 힘이 됩니다. 타인에게 나의 경계를 침범당했을 때 정당하게 분노를 느껴야 다음 행동을 할 수 있습니다.

정당하고 합리적인 분노는 반드시 필요하다

20대 중반 J 씨는 프랜차이즈 외식업체에서 일하고 있습니다. 어느 날 손님과 제대로 의사소통하지 못해 영수증을 챙겨주지 못했습니다. 영수증을 받지 못한 고객은 이의를 제기하며 난리를 부렸습니다. J 씨가 사과하며 영수증을 가져다 주겠다고 했지만 고객은 계속 화를 냈습니다. 매장 매니저도 사과하며 서비스 음식을 제공하겠다고 양해를 구했지만 그 손님은 계속 화를 낼 뿐입니다. 영수증을 챙겨달라는 말을 왜 무시했냐며 법을 어겼다고 난리를 쳤지요. 본사에 항의해서 J 씨를 가만두지 않겠다고 협박도 했습니다.

이쯤 되니 손님이 뭘 원하는 건지 잘 모르겠습니다. 영수증을 안 챙겨준 것이 그리 큰 잘못인가 하는 생각이 들며 J 씨도 손님에게 화가 납니다. J 씨는 손님에게 자신의 이름을 크게 말하며 본사에 꼭 항의하라고 말합니다. 매니저 또한 원하는 대로 하라며 그만 매장에서 나가달라고 손님에게 요구합니다. 부당하고 비합리적인 손님의 분노에 J 씨와 매니저는 정당하고 합리적인 분노로 맞선 것입니다.

정당하고 합리적인 분노를 하지 못하는 사람 또한 문제입니다. 갑질을 갑질로 인식하지 못하고 불합리하고 부당한 상황을 그대로 수용합니다. 뭐가 옳고 뭐가 그른지, 뭐가 합리적이고 뭐가 비합리적인지 잘 모릅니다. 어떤 상황에 대해 불합리하다고 머리로는 분노하나 가슴은 분노하지 않아 상황을 그대로 이어나갑니다. 자식을 착취하는 부모에게 순응해서 살거나 학대를 일삼는 배우자에게 대항하지 못하는 게 바로 이런 경우입니다.

과도한 분노도 문제이며, 분노할 때 분노하지 않는 것도 문제입니다. 내가 타인에게 부당하고 비합리적인 분노를 흩뿌리는 미성숙한 사람인지 성찰해봐야 합니다. 또한 정당하고 합리적인 분노를 느꼈다면 그다음 행동을 해야 합니다. 거절할 때는 거절하고 독이 되는 관계는 과감히 끊어내야 합니다. 타인과의 관계에서 분노의 감정을 잘 살피고 분노가 주는 신호에 민감해야 합니다. 그래야만 타인과 내가 진짜 관계를 이루면서 살 수 있기 때문입니다.

감정 노동이 아닌
인지적 공감을 활용하라

공감은 크게 두 가지로 나눌 수 있습니다. '정서적 공감'과 '인지적 공감'입니다. 먼저 정서적 공감은 내가 느끼는 것을 상대방이 같이 느끼는 것을 말합니다. 즉, 정서의 전염을 기꺼이 받아들이고 상대방과 같은 경험을 하는 것을 말합니다. 흔히들 공감이라고 하면 정서적 공감을 말합니다. 내가 얼마나 마음이 아프고 힘들지 상대방이 알아주기를 원합니다. MBTI에서 'F: 감정형(Feeling)'들이 'T: 사고형(Thinking)'보다 이런 능력이 뛰어나지요. 또한 감정형은 내 주변 사람들에게 부정적인 감정을 표현하며 공감이나 위안을 받으려고 노력합니다. 반대로 사고형은 문제를 직접적으로 해결하는 방식을 선호합니다.

'감정형 인간'과 '사고형 인간'의 차이

30대 L 씨는 요즘 일적으로도 사적으로도 힘이 듭니다. 대리로 승진한 후부터 과장님이 일을 이렇게 해놓으면 어떻게 하느냐며 핀잔만 주기 때문입니다. L 씨는 남자 친구와 데이트하면서 과장님에 대한 서운함을 토로했습니다. 그런데 남자 친구는 이런 마음을 몰라줍니다. 상황을 잘 파악해서 지금 어떤 일이 필요한지, 과장님이 어떤 식으로 일을 처리하기를 원하는지 동료나 선배에게 물어보고 일을 진행했어야 한다며 해결책을 제시합니다. L 씨는 누가 그걸 모르냐며, 그냥 내 마음이 지금 힘든 것에 공감해주면 안 되겠냐고 말하다가 결국 남자 친구와 말다툼을 벌였습니다.

타인에게 정서적 공감을 강요하는 건 타인에게 일종의 감정 노동을 해달라고 요구하는 것이나 다름없습니다. 우리는 연인이라는 이름으로, 가족이라는 이름으로 상대방에게 이런 공감 노동을 강요합니다. L 씨의 남자 친구는 자신이 같은 상황에 놓였더라면, '내가 일을 내 맘대로 처리하는 실수를 저질렀구나' '다음부터는 과장님의 의도를 먼저 파악한 후 일을 진행해야겠다'고 생각하는 것으로 일을 마무리 지었을 겁니다. 남자 친구의 평소 생각 패턴이자 행동 패턴이기 때문입니다. 오히려 L 씨의 일을 자신의 일처럼 생각했기 때문에 나온 반응인 것이지요. 오히려 회사 동료가 비슷한 하소연을 했더라면 L 씨가 원하는 방식의 영혼 없는 공감 노동을 해주었을지도 모릅니다.

L 씨의 남자 친구가 모든 일을 이 같은 문제 해결 방식으로 생각하는 건 아닙니다. 일단 L 씨가 과장님에게 업무상 질책을 받은 사실은 남자 친구에게 별다른 정서적 공감을 불러일으키지 못했습니다. 남자 친구는 과장님이 어떤 사람인지 L 씨에게 수십 번 들어서 잘 알고 있습니다. 그런데도 매번 같은 식으로 반응하고 같은 식으로 핀잔 듣는 패턴을 반복하는 여자 친구가 이해되지 않고 공감되지도 않을 뿐입니다.

무조건적인 공감 강요는
'감정 쓰레기통'이다

공감은 반응과 비슷한 속성이어서 즉각적으로 가슴과 머리를 공명시킵니다. 매년 발표되는 미국의 퓰리처상 수상자의 사진들은 보자마자 가슴이 저릿하고 머리에 띵 하고 경종이 울리는 듯합니다. 굳이 사진에 대한 설명을 듣지 않아도 상황이 한눈에 들어오고 피사체의 마음이 느껴집니다. 심지어 그 사진을 찍은 사진

기자의 감정선까지도 손에 잡힐 듯합니다. 겨우 한 장의 사진일 뿐인데 어떤 때는 비통함으로, 때로는 위대함과 숭고함으로 다가옵니다. 순간 저도 모르게 정서적 공감의 말이 가슴에서 터져 나와 입 밖으로 뱉어질 때도 있습니다. 이런 경우는 굳이 공감 노동을 하려고 애쓰지 않아도 저절로 정서적 공감이 이뤄집니다. 그러나 L 씨는 남자 친구와 공감대를 형성하지도 못했으면서 '너는 내 남자 친구이니 나에게 닥친 티끌만한 불편한 소식에도 나의 마음을 알아주고 어루만져줘야 한다'며 공감 노동을 강요했습니다.

매스컴도 공감 노동을 강요하고 있습니다.

'상대방의 감정을 같이 느끼고 이해하라. 그래서 상대방이 이해받았다는 느낌을 가지게 하라.'

'상대방의 감정을 파악하고 숨겨진 의도까지 알아차리는 것이 진정한 공감이다. 상대방의 눈빛이나 표정이나 태도나 동작까지 모두 감안해서 상대방의 마음을 알아차려야 한다.'

'동시에 상대방의 말에 대한 자신의 의견이나 분석, 평가를 말하지 마라. 그렇게 하는 것이 상대방의 존재를 있는 그대로, 무조건적으로 존중해주는 것이다.'

어렸을 때 우리는 부모의 보호 아래 공감의 시대를 거쳐서 성인이 되었습니다. 우리는 아직 자신의 감정을 들여다보는 데

미숙합니다. 하지만 온 세상은 우리들에게 나와 타인의 마음을 정확하게 읽어주고 감싸 안아야 한다고 강요할 때가 많습니다. 이것은 지나친 공감 노동입니다. 공감 노동은 나도 모르게 타인에게, 또는 나에게 감정 쓰레기통 역할을 시키는 것이나 마찬가지입니다. 나의 부정적인 감정은 내가 해소해야 하는 것이지 타인에게 흩뿌리며 해소해선 안 됩니다.

　미성숙한 부모의 자녀들은 대부분 평생 동안 정서적 공감을 강요당합니다. 엄마가 미성숙할 경우, 자녀는 아빠 욕과 고모 욕과 할머니 욕을 들으면서 엄마를 위로해주는 역할을 해야 합니다. 심지어 다른 사람들과 사소한 불편한 일이 생겨도 득달같이 전화를 합니다. 하루에 열두 번씩 전화하는데 한번 전화를 붙들면 길게는 한 시간까지 하소연하는 엄마 때문에 힘들어하는 내담자도 봤습니다. 그 내담자는 거짓으로 정서적 공감을 하는 척해야 하기 때문에 엄마에게 전화가 오면 가슴이 덜컥 내려앉는다고 했습니다. 엄마에게 합리적인 지적을 하면 오히려 엄마 마음도 몰라주는 나쁜 자식이라며 매도당하고는 했지요.

가짜 정서적 공감은
감정의 융합을 강요한다

———————

정서적 공감은 너와 내가 분리되고 독립하는 것을 허용하지 않는다는 위험성이 있습니다. 너와 내가 영원히 한 몸으로 존재할 것을 상대방에게 요구합니다. 상대방이 나와 다른 감정, 다른 생각을 가지고 있다는 것을 용납하지 못합니다. 자기가 잘못해서 밖에서 맞고 들어온 아들을 대신해 조직폭력배를 동원해 가해자를 보복 폭행한 어느 재벌의 이야기를 들은 적 있습니다. 성인이 된 아들의 억울함을 자신의 억울함으로 받아들이고, '돈 있고 힘 있는 내'가 아들을 대신해서 복수해준 것이지요. 때로는 그 범위가 확장되어 '내집단(가치관과 행동 양식이 비슷하여 구성원이 애착과 일체감을 느끼는 집단)'을 과하게 감싸고 돌기도 합니다. 그 과정에서 합리와 이성과 도덕은 당연히 물 건너갑니다.

입양아를 폭행하여 숨지게 한 양모를 같은 교회에 다니는 지인이라는 이유로 면회를 가고 탄원서를 써주었다는 이야기도 들었습니다. 교회 사람들은 그 양모도 약한 인간이라 악마의 꼬임에 넘어간 게 분명하다며 감쌌습니다. 그러나 아동 학대는 실수라고 할 수 있는 문제가 아닙니다. 분명하게 나쁜 의도를 가지고 저지른 명백한 법적·도덕적 잘못입니다.

이성과 합리가 마비된 정서적 공감은 이렇게 위험합니다. 잘잘못을 가리지 않고 무조건 우리 편의 말이 절대선이라고 생각하기 때문입니다. 즉, 정치나 종교 혹은 학벌이나 지역 등 '내집단의 가치가 곧 나'라고 생각하는 것이지요. 인터넷에서 내집단을 옹호하며 악플을 내뱉는 경우도 마찬가지입니다. 그래서 이성이 결여된 정서적 공감은 위험합니다.

정교하고 구체적인 인지적 공감이 필요하다

공감의 또 다른 형태로 '인지적 공감'이 있습니다. 저는 인지적 공감을 가져야 한다고 강조하고 싶습니다. 제가 지인의 자리에 놓는 사람들은 대개 인지적 공감 능력이 뛰어난 사람들입니다. 물론 개중에는 정서적 공감 역시 뛰어난 사람도 있습니다. 그러나 저 개인적으로는 인지적 공감 능력 없이 정서적 공감 능력만 뛰어난 사람을 그다지 좋아하지 않습니다. 인지적 공감은 그 사람의 마음을 추측하고 읽어내는 능력을 말합니다. L 씨가 과장님에게 꾸중 들은 일로 속상해할 때 '여자 친구는 무슨 생각을 하는 것일까' '내 여자 친구가 이번에 정말 열심히 일했는데 얼마나 마음이 상했을까?' 열심히 생각하는 태도가 바로 인지적 공감입니다. 이런 공감을 L 씨는 원했던 것입습니다.

　다시 말해, L 씨가 실질적으로 원한 것은 정서적 공감이 아닌 인지적 공감이었습니다. 공감이라는 말이 워낙 애매모호하게 사용되다 보니, 남자 친구는 정서적 공감을 하지 못하는 사람이 되어버렸고, L 씨는 인지적 공감을 보여주어야 할 상황에 단지 해결책만 제시하는 남자 친구에게 서운한 상황이 빚어진 것입니다.

　인지적 공감은 상대방의 마음을 읽는다는 면에서 '정신화'라고도 합니다. 정신화는 다른 사람이 어떤 감정과 생각을 가지고 있는지 정교하게 추측해내는 능력입니다. 정신화는 인지적 기능이 들어간 하나의 기술이기도 합니다. 상대방의 감정이 아닌 나의 감정을 읽는 능력이 먼저 발달한 후에 상대방의 감정을 읽는 능력이 키워집니다. 우리는 어려서 부모님을 통한 사회적 피드백을 거치면서 '내 마음 읽기 능력'을 배웁니다. 엄마의 찡그린 얼굴을 보며 꾸짖는 상황을 알게 되고, 환하게 웃는 모습을 보며 긍정적인 상황을 익힙니다. 그러면서 자신이 무엇을 느끼고 무슨 생각을 하는지 좀 더 정교하고 구체적으로 알게 되고 타인에게 이를 표현하는 능력을 키우게 됩니다. 다시 말해 자신의 감정, 욕구, 동기, 의도, 생각, 태도 등을 구체적으로 서술할 수 있게 됩니다. 그런 뒤에야 타인의 감정을 정신화할 수 있습니다.

성숙한 부모 밑에서 자신의 감정을 충분히 수용받고 타당화받으며 자란 사람들은 이 같은 능력이 잘 발달합니다. 내가 무슨 일 때문에 화가 났는지 알고, 어느 정도로 화가 나 있고, 이 화를 어떻게 하면 누그러트릴 수 있을지 고민하고, 이를 실제적으로 행동화합니다. 또한 나를 화나게 한 상대방에게 나의 마음을 솔직하고 세련되게 표현합니다.

인지적 공감이 부족하면
자신과 타인을 이해하지 못한다

나에 대한 인지적 공감, 즉 정신화 과정이 발달하지 못한 사람은 자신의 불편한 감정이 어디서 기인한 것인지, 그 감정이 강도가 적절한지, 이를 어떻게 해소해야 하는지, 타인에게 어떤 식으로 말하는 것이 적절한지 잘 알지 못합니다. 만약 옷을 입었을 때 몸이 조이는 듯한 불편한 느낌이 들거나 반대로 너무 헐렁한 경우 옷을 수선할지 아니면 교환할지, 이 옷을 입지 않고 버릴지 결정합니다. 이 경험을 토대로 해야 다음에 옷을 살 때는 시행착오를 줄일 수 있습니다. 어린아이는 이런 과정 없이 옷을 안 입겠다며 마구 짜증을 낼 뿐입니다. 자신에 대한 정신화 능력이 아직 발달하지 못했기 때문입니다.

타인에게 인지적 공감을 할 수 있는 것은 큰 능력입니다. 이 능력이 크면 클수록 타인이 더 많이 보이고 타인에 대한 공감의 정도도 더 커집니다. L 씨의 사례를 생각해봅시다. L 씨의 남자 친구는 '내 여자 친구가 속상해하는구나' 하는 초보적인 수준에서 시작해 '자기가 노력하지 않았다고 과장님이 생각하는 것 같아서 속상해하는구나' 하는 데까지 나아갈 수 있습니다. 한 발 더 나아가 '내 여자 친구가 어렸을 때부터 칭찬을 받기보다는 항상 부족한 면을 지적받아서, 조금이라도 부정적인 피드백을 받으면 저리 예민해하는구나' 하는 데까지 나아갈 수 있습니다. 이런 마음을 여자 친구에게 표현해주었더라면 L 씨는 남자 친구가 나의 마음을 알아주는구나 싶어 마음이 풀렸을 겁니다. 사실 이것은 인지적 공감일 뿐 정서적 공감이 아닙니다. 그러나 인지적 공감을 해주면 듣는 사람들은 정서적 공감을 받은 듯한 착각을 하면서 마음의 위로를 얻습니다. 인지적 공감의 힘은 이렇게 큽니다.

위로의 마음이 담긴 인지적 공감의 힘

───────────

아버지가 위암 4기 진단을 받고 투병하기 시작했을 때 저는 내

시경 진료를 미리 챙기지 못한 저 자신을 원망하고 자책했습니다. 아버지의 주치의이자 대학 동기인 모교 대학병원의 일반외과 교수는 저에게 인지적 공감을 보여주었습니다.

"의사들이 바빠서 사는 게 다 그렇더라. 의사라고 해서 뭐 다 잘 아는 것도 아니야. 나도 우리 아버지가 대장암으로 돌아가셨어. 나도 그때 나 자신을 많이 원망했다. 의사면 뭐하나 싶었어. 자기 가족도 못 챙기면서. 그런 마음 때문에 힘든 것 이해해. 지금 이 상황을 받아들이기 힘들 거야. 세상도 원망스럽고."

친구는 저를 붙들고 같이 울면서 아버지와 각별했던 만큼 슬픔이 클 거라고, 제 감정이 느껴져서 자신도 슬프다고 정서적 공감을 표현하지는 않았습니다. 정서적 공감은 아니었지만 세련되게 제 마음을 읽어준 친구의 인지적 공감은 저에게 큰 위로가 되었습니다.

아버지의 장례식을 치를 때에도 검은 양복을 입고 와서 아버지의 영정에 절한 후 친구는 저를 꼭 안아주었습니다.

"최선을 다했지만 아버님을 살리지 못해서 미안하다."

담담히 얘기하는 친구의 말에 애써 참고 있던 눈물이 터졌습니다. 친구는 네 잘못이 아니라고, 세상에는 어쩔 수 없는 일들이 있고, 그런 일을 네가 겪고 있는 거라는 속뜻을 이리 에둘러 표현했습니다. 그런 친구에게 저는 아버지 가시는 길을 마지막까지 잘 살펴주어서 고맙다고, 우리 가족은 해볼 수 있는 건 다 해봐서 여한이 없다고, 우리 가족이 너에게 큰 은혜를 입었다고 말했습니다. 20대 철없는 시절을 친구로 보내고 40대에 주치의와 환자 가족이라는 관계로 다시 만난 친구. 우리는 아버지의 영정 사진을 사이에 두고 맞절하며 많은 감정과 생각을 주고받았습니다. 울음이 터진 저를 친구는 꼭 안아주며 자신의 공감을 보여주었습니다. 아버지의 투병 과정과 장례식에서 계속적으로 인지적 공감을 보여준 그에게서 저는 세상에서 가장 귀하고 가치 있는 위로를 받았습니다.

인지적 공감을 보일 때는 어떠한 목적과 의도가 있는지가 중요합니다. 만약 남자 친구가 L 씨를 위로하려는 마음이 있었다면 L 씨의 마음이 저렇게 섭섭하지는 않았을 겁니다. L 씨의 남자 친구도 연애를 시작했을 때는 연인을 열심히 위로하려고 애썼겠지요. 시간이 흐르며 관계가 편해지다 보니 연인을 위로하려는 마음이 예전처럼 들지 않았기에 공감 없는 말을 쉽게 할 수 있었던 겁니다. 제 친구인 일반외과 교수의 말에는 정서적 공감이 전혀 들어가 있지 않지만 저를 위로해주려는 의도와 목적이 있었습니다. 그래서 인지적 공감의 말에 진정성이 들어갔고, 그 진정성을 저는 느낄 수 있었던 겁니다.

인지적 공감의 필수 요소
: 배려, 위로, 선한 목적, 실천

조금 더 얘기하자면 자폐 스펙트럼 환자들은 정서적 공감과 인지적 공감 능력이 다 떨어집니다. 그래서 타인과 관계를 맺는 일 자체가 어렵지요. 어떤 소시오패스들은 정서적 공감 능력은 떨어지지만 인지적 공감 능력은 뛰어나기도 합니다. 그래서 상대방의 마음을 잘 예측하고 잘 읽어냅니다. 이들은 나쁜 의도와 나쁜 목적을 가지고 상대방을 대합니다. 자신의 마음을 꾸며내기도 하고 상대방을 조종하기도 합니다. 사이비 종교의 교주들이나 조직 내에서 타인을 이용해 승승장구하는 사람들이 여기에 속합니다. 그래서 인지적 공감은 의도와 목적이 선해야만 긍정적인 가치가 발휘됩니다.

인지적 공감은 상대방에 대한 배려까지 포함되어야 긍정적인 가치가 완성됩니다. 귀로 열심히 상대방의 하소연을 들어주고 말로 열심히 위로를 해주었다고 한들 행동은 그렇지 않다면 의미가 없습니다. 의도와 목적을 가지고 있으면 행동은 그에 맞춰 저절로 나오게 됩니다. '내 아내가 직장도 다니고 살림도 하느라 힘들겠네'라면서 말로는 공감을 보여주지만 청소기 한 번 들지 않고 설거지 한 번 하지 않는 남편이 진정한 공감을 보여주었

다고 할 순 없습니다. 세간에서는 이를 입으로만 공치사한다고
표현합니다.

공감을 바탕으로 한 구체적인 행동이 이루어지지 않으면, 그
공감은 허공에 뿌리는 메아리일 뿐입니다. 혹시 내가 타인에게
공감 노동을 강요하지는 않았나 되짚어봅시다. 나는 세련된 인
지적 공감을 타인에게 보여주는 사람인지, 공감의 가치를 실생
활에 적용하는 사람인지도 살펴봅시다.

5부

✕

[자기주도적 관계]

진짜 인연을 만드는
관계 맺기의 지혜

주변 사람에 따라
인생이 바뀔 수 있다

얼마 전에 드라마 <신병>을 정주행했습니다. 인간의 이타성과 이기성, 권력과 복종, 자유와 구속, 권리와 의무 등등 폐쇄적인 사회에서 적나라하게 드러나는 인간들의 민낯을 잘 보여준 작품이었습니다. 저는 김동우라는 작중 인물의 성격 변화에 주목했습니다. 선하고 소심한 성격의 김동우는 일병 때 이유 없이 선임의 미움을 받으며 괴롭힘을 당합니다. 그 때문에 여러 우여곡절을 겪었지만 상병이 된 이후 더 이상 괴롭힘을 당하지 않게 되며 후임들을 자상하게 잘 챙겨줍니다. 그러다가 어느 날 부대에서 한 사병이 쓴 마음의 편지가 문제가 되자, 김동우는 그 편지를 쓴 사람을 차출하는 임무를 강제로 맡게 됩니다. 그 과정에서 김동우는 과거 자신이 선임들에게 당했던 치졸한 방법들을 후임들에게 그대로 씁니다. 즉 자신을 못살게 굴었던 가해자들과 똑같은 모습으로 후임들을 대합니다. 그러다가 김동우는 과거에 부조리했던 선임들과 똑같은 행동을 하는 스스로의 모습에 자기혐오를 느끼며 자신의 행동을 후회하고 반성합니다.

주변 환경에 순응하는 인간의 본성 VS
극복하고자 하는 개인의 노력

대부분의 인간은 자신이 속한 사회에서 요구받는 기능과 역할에 그대로 순응하면서 살아갑니다. 1971년 필립 조지 짐바르도(Philip George Zimbardo) 스탠퍼드대학 심리학 교수는 '모의감옥 실험'을 했습니다. 먼저 24명의 대학생 지원자를 대학 건물 지하에 있는 모의감옥에서 생활하게 하고요. 대학생들에게 동전을 던져 절반은 간수, 절반은 죄수 역할을 맡게 했습니다. 간수들은 권위적으로 행동하면서 죄수들을 모욕적으로 대하고 가혹 행위를 하도록 지시했습니다. 죄수들은 간수들에게 반항하거나 굴복하도록 했지요. 처음 시작했을 때는 서로 합의한 역할 연기였는데, 시간이 갈수록 자신이 입고 있는 간수복과 죄수복에 충실한 모습을 보였습니다. 자아정체성의 혼란이 극심해지면서 실험은

6일 만에 종결됩니다.

이렇게 만들어진 환경에서는 개인적 자아가 상실되며 각각의 참여자들은 자신에게 주어진 역할과 기능에 저도 모르게 몰입하게 됩니다. 이후 짐바르도의 모의감옥 실험은 2004년 아부 그라이브 감옥(미국인 간수가 이라크 전쟁 포로를 학대한 장소)에서 재현되었습니다. 훌륭한 군인이자 자상한 남편, 바람직한 아버지, 좋은 동료였던 사람들이 이라크 포로들을 비인간적으로 대한 사실이 드러난 겁니다. 그러나 모든 미국 군인들이 그렇게 행동했던 것은 아닙니다. 가학적 성향을 드러내며 잔인한 행동을 서슴지 않는 사람들도 있었고, 그런 행위에 반대하는 사람들도 있었지요.

여기서 우리는 행동은 개인적 성향과 어떤 상황의 압력이 작용하는 결과물이라는 것을 알 수 있습니다. 상황의 압력에 휘둘리지 않는 사람은 전체 인구의 10~20% 정도라고 짐바르도 교수는 말합니다. 비윤리적인 실험을 강행해서 많은 비난을 받았지만 그가 주장한 바는 명확합니다. 바로 '상황의 힘에 대한 경계'와 '이를 극복하기 위해 개인의 노력'의 중요성입니다.

타인의 감정 폭력에 순응하게 되는 과정

이기적인 사람은 자신이 권력을 휘두를 수 있는 상황이 되면 시간이 지날수록 더욱더 이기적인 성향을 드러내며 점점 더 잔혹해지고 착취적인 모습을 나타내는 경향이 있습니다. 실제로 많은 성격장애 유형들이 나이 들수록 증상이 개선되는 경향을 보이는데 '자기애성 인격 장애(Narcissistic personality disorder)' 유형은 나이 들수록 자기중심적인 성향이 더 강해지는 모습을 보입니다. 군대와 감옥이라는 특수한 상황 외에 일반적인 인간관계에서도 이런 경우를 종종 봅니다. 직장에서 높은 자리에 올라간 뒤 갑질하는 경우나 자식들에게 경제적, 감정적 착취를 해온 부모가 이런 경우에 해당됩니다. 이런 이들은 본인이 갑의 위치에서 가해자로서의 정체성을 갖게 되면 상대방인 을을 자신의 목적을 이루기 위한 수단으로 대하면서, 을 또한 자아를 가진 인간으로 존중해야 한다는 마음을 갖지 못합니다.

30대 초반 P 씨가 항상 하는 말이 있습니다. 바로 '어쩔 수 없다'는 말입니다. P 씨의 직장 상사는 부하 직원에게 갑질을 일삼는 사람이었습니다. P 씨는 직장 상사의 과한 요구에 단 한 번도 싫은 내색을 하지 않았습니다. 해를 거듭할수록 직장 상사의 갑질은 점점 심해졌습니다. 자신의 일을 떠넘기는 것은 예사이고,

개인적인 심부름까지 시킵니다. 그런 직장에 어쩔 수 없이 다니는 P 씨는 집에서도 마찬가지의 상황을 감당해내야 했습니다. 모든 수입을 엄마에게 맡겨온 P 씨는 몇 해 전 좋은 아파트 청약이 나와서 신청하려고 그동안 모든 돈이 얼마나 되는지 물었습니다. 그런데 엄마는 그동안 P 씨가 준 돈을 다 써버렸다고 했습니다. P 씨는 엄마에게 화를 냈지만 여전히 엄마와 함께 살고 있으며, 여전히 엄마에게 월급의 일정 부분을 내놓고 있습니다. 이런 P 씨가 항상 입에 달고 사는 말이 바로 '어쩔 수 없다'입니다.

P 씨는 직장 상사의 과한 요구에 대응할 생각도, 이직할 생각도 없습니다. 돈을 착취하는 엄마를 떠나 고시원에라도 들어가 독립할 생각도 없습니다. P 씨는 자신을 스스로 죄수의 위치에 두고 그 역할에 충실히 살아가고 있습니다. 이런 관계에서는 시간이 가도 간수 역할을 하는 직장 상사와 엄마의 역할 모델이 점점 더 굳건해질 따름입니다.

물론 직장에서는 일정 부분 기능과 역할이 부여되며 당연히 이를 해내야 합니다. 자본주의 세상에서 생존과 생계를 위한 선택이라 어쩔 수 없다는 말도 일면 이해됩니다. 직장 상사의 갑질과 진상 고객의 갑질을 어쩔 수 없이 견뎌내야 하는 부분이 있는 것도 사실입니다. 그러나 사적인 관계에서 불합리한 기능과 역할을 요구한다면, 단호히 '안 된다'라고 답해야 합니다. P 씨의 경우 공적인 환경인 직장과 사적인 환경인 가정 모두에서 자신을 기능과 역할로 대하는 것을 묵인하고 있는 상황입니다. 군대와 감옥처럼 어쩔 수 없는 강제적인 상황도 아닌데 P 씨는 스스로 어쩔 수 없는 상황이라고 생각하며 상황에 대응하는 노력을 포기하고 순응하고 있습니다.

불합리하고 폭력적인 관계에서 벗어나라

가장 좋은 것은 불합리한 기능과 역할이 부여되는 상황 속에 나를 놓지 않는 것입니다. 상황의 힘에 쉽게 굴복하는 성향의 사람일수록 나를 좋은 상황에 놓아야 합니다. 주변 사람과 영향을 주고받으며 나의 모습이 변하기 때문입니다. 우리가 좋은 사람과 성숙하고 의미 있는 인간관계를 맺으려고 노력해야 하는 이유입니다.

P 씨는 지금부터라도 이직하려는 노력을 해야 합니다. 혹은 갑질하는 상사에 대한 합당한 조치와 근무 공간 분리를 회사에 요구해야 합니다. 자식을 ATM으로 아는 엄마와는 명확한 경계를 설정해야 합니다. 어쩔 수 없는 상황이라고 포기하지 말고 어쩔 수 있는 상황이 되도록 노력하고 조금이라도 좋은 상황에 나

를 가져다 놓으려고 애써야 합니다.

그렇다고 P 씨가 아무런 노력도 하지 않는 것은 아닙니다. 갑질하는 상사, 그리고 돈을 착취하는 엄마와 공감하고 소통하려고 끊임없이 시도합니다. 이 같은 노력을 수년째 기울이면서 자신이 원하는 미래를 만들려고 노력합니다. 언젠가는 갑질을 하지 않는 합리적인 상사와 자식을 소중하게 여기는 엄마로 거듭날 거라고 생각하면서요. 내가 보고 싶은 미래만 그리면서 타인과 세상을 객관적으로 보지 않는 태도입니다. 갑질하는 직장 상사, 이기적인 엄마가 진짜 현실인데, 이를 보지 않으려고 하는 것이지요.

인간관계에서 빚어지는 상황을 개선하는 것은 그들을 바꾸려는 노력을 기울일 게 아니라 그들과의 거리 조절을 통해서만 이루어집니다. 그들에게 나쁜 영향을 받지 않으려면 안드로메다만큼 거리를 벌리는 게 가장 효율적인 방법입니다. P 씨는 오늘도 상사와 엄마가 요구하는 기능과 역할을 충실히 하고 있습니다. 그러면서 그는 자신의 삶이 행복하다고 생각하지 않으며 자신이 무엇 때문에 사는 것인지 스스로에게 끊임없이 질문합니다. 자신이 만든 감옥에서 죄수 역할을 기꺼이 감당하면서 산다는 것을 모르고 말입니다.

진짜 관계는 내 머릿속을
가득 채우지 않는다

"사는 게 낙이 없어요, 사는 게 공허해요."

이런 말을 입에 달고 사는 사람들의 공통된 특징이 하나 있습니다. 바로 그들의 삶 속에 '의미 있는 타인(Significant others)'이 없다는 것이지요. 의미 있는 타인은 나의 삶에 긍정적인 영향을 미치는 사람을 말합니다. 이런 사람이 단 한 명이라도 있으면 나의 삶에 의미가 부여되며 삶의 목적도 생깁니다.

예를 들어 새벽에 수산 시장에 나가 생선을 손질해도 아들 대학 등록금을 대줄 수 있다 생각하면 뿌듯합니다. 대리운전을 하면서 투잡을 뛰지만 내후년쯤 우리 가족이 살 내 집을 마련할 수 있다 생각하면 일이 힘들지 않습니다. 힘들게 아르바이트를 하면서 대학을 다니지만 열심히 노력해서 대학을 졸업한 뒤 번

듯한 직장인이 된 모습을 부모님께 보여드리겠다고 생각하면 이 악물고 현실을 견뎌낼 수 있습니다. 문예창작과 학부를 다닐 때 과제로 쓴 글을 유심히 지켜본 교수님이 꼭 나중에 글을 써서 먹고사는 작가가 되라고 해준 격려의 말에 힘입어 누구나 알아주는 작가가 된 분도 있습니다. 예술가나 운동선수들의 인터뷰를 보다 보면 자신의 재능을 알아봐주고 키워준 스승에 대한 고마움을 표현하는 것을 쉽게 들을 수 있습니다. 바로 이 모든 사람들이 의미 있는 타인입니다.

진정으로 내 인생에 '의미 있는 타인'이란?

의미 있는 타인은 '내가 좋아하고 나를 좋아해주는 사람'입니다. 나에게 좋은 영향을 미치면서 상호 의존적인 관계를 맺고 있고요. 내가 어려움에 처했을 때 기꺼이 나를 지지해줍니다. 나의 성장을 응원하기에 나의 세계가 깊어지도록 도와주며 나와 같은 가치관을 공유하며 정서적으로 깊게 신뢰하는 사람입니다. 나에게 유용한 피드백을 제공해서 객관적 자기 평가를 할 수 있게 도와주지요.

스스로 질문해보세요. 과연 나에게는 이런 사람이 한 명이라도 있나요? 인격적으로 성숙하고 지지적인 부모는 평생을 같이 갈 수 있는, 의미 있는 타인입니다. 요새는 경제적인 것만을 기준으로 금수저다 흙수저다 나누는데, 태어날 때 물고 태어난 수저보다는 부모의 인격적 성숙도에 따라 자식의 행복도가 더 크게 좌우됩니다. 금수저 부모가 꼭 의미 있는 타인이 되는 건 아니며, 반대로 흙수저 부모라 할지라도 의미 있는 타인이 될 수 있습니다.

일반적으로 의미 있는 타인은 이처럼 긍정적인 의미에서 이야기하지만, '부정적 의미의 의미 있는 타인'도 있습니다. 나를 착취하고 나에게 부정적인 영향을 주고 상처를 주는 사람들이 바로 이런 사람입니다. 이런 이는 폭군 같은 아버지일 수도 있고, 학창 시절에 나를 때린 학교폭력 가해자일 수도 있습니다. 이기적이고 못된 배우자가 부정적 의미의 의미 있는 타인이 되기도 합니다. 부정적 의미의 의미 있는 타인은 나의 삶을 갉아먹고 나의 시간과 정성을 허비하게 만듭니다. 이런 이들과 얽힌 관계에는 성장과 발전이 없습니다. 오직 버티고 견디는 삶만 존재합니다.

40대 중반 K 씨는 경계성 인격장애 환자인 아내와의 결혼 생활 때문에 하루하루가 힘들기만 합니다. 아내는 K 씨의 일거수일투족을 트집 잡기 바쁩니다. 일하느라 휴대폰을 무음으로 해놨다가 전화를 못 받은 날에는 아내가 남긴 수십 통의 부재중 전화에 숨이 막힐 것만 같습니다. 사소한 일로도 트집을 잡아 물고 늘어지며 집요하게 따지는데 지치기만 합니다. 어느 날에는 아침 출근길에 사소한 일로 다투게 되어 퇴근하고 저녁에 다시 얘기하자고 했더니 손에 잡히는 대로 물건들을 던져 현관문을 찌그러트린 일도 있었습니다. 그런 아내의 행동에 화를 내면, 아내는 더욱 흥분해 맞받아치면서 손찌검을 하거나 물건을 던지는 것으로 응수합니다. 아내와 몸싸움이라도 한 날이면 K 씨는 손 하나 까딱할 수 없습니다.

K 씨의 아내는 경계성 인격장애 환자의 전형적인 특성을 보여줍니다. 부정적인 감정에 남들보다 빠르게 진입하며, 그 강도가 남들보다 몇 곱절은 강하고, 부정적인 감정에서 빠져나오는 시간도 일반적인 경우를 훨씬 뛰어넘습니다. 시댁 식구들이나 잘 모르는 타인에게는 세상 친절한 모습을 보이는 아내였기에, '아내가 가끔 감당할 수 없는 패악을 부린다'는 K씨의 말을 가족들은 아무도 믿지 않았지요. 그러던 어느 날 K 씨의 아내가 별것 아닌 일로 자신을 무시했다며 칼을 들고 K 씨를 위협하는 사건이 있었습니다. 반려견을 돌보기 위해 설치해놓은 CCTV에 우연히 그 모습이 찍혀서 가족들은 이제서야 K 씨에게 이혼을 권유하고 있습니다.

아내와의 관계 때문에 K 씨는 고민이 많습니다. 왜 이런 결혼을 했을까 자책하는 마음을 떨쳐낼 수 없습니다. 절대 이혼하지 않겠다는 아내를 생각하면 자신의 미래가 암담하기만 합니다. 이렇게 머릿속이 복잡하다 보니 회사에서 중요한 프로젝트를 진행하다가 망쳐버린 적도 있습니다. K 씨의 머릿속은 아내에 대한 생각으로 꽉 차 있습니다.

의미 있는 타인은
나에게 편안함과 안식을 주는 사람

긍정적 의미의 의미 있는 타인은 내 머릿속을 차지하지 않습니다. 부모님이 좋은 분이라서 현재 삶이 행복한 사람은 어쩌다가 부모님을 생각하면 가슴 따뜻하고 고마울 따름입니다. 당연히 혼자 있는 시간에 부모님에 대한 생각이 내 머릿속을 가득 차지하지 않습니다. 부모님은 내가 세상에 뛰어나가 마음껏 탐색하고 도전하고 뛰어놀게 해줍니다. 부모님이 나의 머릿속을 차지하는 순간은 내가 힘들고 어려울 때입니다. 중요한 시험에 떨어졌거나 몸이 많이 아프거나 일이 뜻대로 되지 않아 실의에 빠졌을 때 우리는 의미 있는 타인을 생각합니다. 그들은 나의 안식처

이자 구원이 되어주기 때문입니다. 힘들고 어려울 때 그들의 품에서 위안과 지지를 얻은 뒤 다시 세상에 나갈 힘을 갖게 됩니다.

30대 후반 H 씨는 고등학교 때 큰 교통사고를 당해 한쪽 다리를 절단했습니다. 당시 여러 명의 학생들이 같은 차에 타고 있었는데 트럭과 부딪혀서 전복 사고가 났습니다. 119가 출동해 병원에 실려 갔지만 많은 사람들이 다쳐 경황이 없던 터라 절단된 다리는 사고 현장 어딘가에 있는 상황이었습니다. 병원에 실려 온 뒤에야 이 사실을 알게 된 H 씨의 부모는 사고 현장에 가서 우거진 풀숲을 맨손으로 뒤져 H 씨의 절단된 다리를 찾아 병원으로 가지고 왔습니다. 시간이 많이 흐른 뒤라 괴사가 진행되어 결국 다리를 살릴 수 없었지만, H 씨는 부모가 자신을 진정으로 사랑한다는 것을 알 수 있었습니다.

우여곡절이 있었지만 H 씨는 무사히 대학을 졸업하고 석박사 과정을 거쳐 지금은 대학에 출강하고 있습니다. H 씨가 사고를 당한 뒤 엄마는 타던 승용차를 SUV로 바꾸었습니다. H 씨의 휠체어를 싣고 다니며 재활치료와 학업을 돕기 위해서였지요. H 씨의 엄마는 절망하는 H 씨에게 살아줘서 고맙다고, 내가 이제부터 너의 다리가 되어줄 테니 걱정하지 말라고 다독였습니다. H 씨는 장애인이 된 자신의 모습에 절망해 한때는 죽음을 생각한 적도 있었습니다. 그러나 부모님의 헌신적인 보살핌에 마음을 다잡았다고 합니다. H 씨는 의미 있는 타인을 가졌기에 삶의 절망에서 부모님의 손을 붙잡고 희망으로 나올 수 있었습니다.

저는 최근 각종 미디어에서 '힘든 가족과 잘 지내는 법' '나르시시스트에 대처하는 법' 같은 주제의 정보를 많이 다루는 것을 지적하고 싶습니다. 많은 전문가들이 부정적인 의미의 의미 있는 타인에게 대처하며 살아가는 방법을 알려주는데 입을 보탭니다. 그보다는 '나에게 긍정적인 의미의 의미 있는 타인은 누가 있는지' 돌아보는 것이 더 중요합니다. 만일 긍정적인 의미의 의미 있는 타인이 나에게 없는 것 같다면, 지금부터라도 열심히 찾아보고 나 또한 타인에게 긍정적인 의미의 의미 있는 타인이 되기 위해 노력합시다. 내가 그의 이름을 불러주었을 때 그는 나에게로 와서 꽃이 되었다는 김춘수 시인의 <꽃>이라는 시가 떠오릅니다. 나는 너에게, 너는 나에게 잊히지 않는 하나의 눈짓이 되려는 노력이 필요합니다.

인생의 의미는
여러 개일수록 좋다

긍정 심리학으로 유명한 미국의 심리학자 마틴 셀리그먼(Martin Elias Peter Seligman)은 진정 행복하고 충만한 삶을 살기 위해 긍정적인 정신 건강의 중요성을 강조하며 세 가지 삶을 말했습니다.

첫 번째는 '즐거운 삶'입니다. 자신의 삶에 만족스러워하면서 행복한 긍정 정서를 느끼는 삶을 말합니다. 두 번째는 '적극적인 삶'입니다. 매일의 삶에 열정적으로 참여하며 살아가는 삶입니다. 이를 통해 자신의 능력을 발휘하고 가치를 추구할 수 있게 됩니다. 세 번째는 '의미 있는 삶'입니다. 개인의 즐거움과 이익을 넘어서 자신이 속한 공동체나 사회에 기여하는 삶을 말합니다. 자신을 넘어서는 더 큰 세상에 소속되어 그 세상을 위해 공헌을 하는 삶이지요.

즐거운 삶, 적극적인 삶, 의미 있는 삶

30대 후반 W 씨는 요즘 마틴 셀리그먼이 말한 세 가지 삶에 모두 부합하는 인생을 살고 있습니다. 작년까지만 해도 그녀는 살아가는 게 힘들기만 하다고 생각했습니다. W 씨는 부모님이 일찍 돌아가신 후 조부모님 손에서 자랐습니다. 전문대를 나온 후 바로 취업해 회사에서 경리 업무를 맡고 있었지요. W 씨와 달리 남편은 유명한 명문대를 졸업했습니다. 시댁에서는 결혼에 반대했지만 남편의 고집으로 결혼하게 되었지요. 결혼을 준비하는 과정부터 시댁은 W 씨를 무시하고 힘들게 했습니다. 결혼한 뒤에도 시댁은 W 씨를 힘들게만 합니다. 사사건건 W 씨를 못마땅해하며 명절 내내 시댁에서 보내야 하는 것을 당연하게 여깁니다. 남편이 감기라도 들면 제대로 내조하지 못한 W 씨를 탓하고, 시댁에 일이 있으면 W 씨의 사정은 상관없이 불러댑니다. 그나마 신혼 초에는 W 씨의 남편이 중간에서 막아보려고 시도했으나, 시간이 지나자 방관하는 모습만 보였습니다.

결혼하고 나서 초반에는 W 씨도 자신이 부족하다고 생각하며 시댁의 인정을 받기 위해 최선을 다해 노력했습니다. 남편의 아침밥을 신경 써서 준비하고 살림도 야무지게 해냈습니다. 트집만 잡는 시어머니에게 순종했고요. 백화점 문화센터에서 요리를 배우기도 하고 영어 회화 학원도 다니면서 시댁의 눈높이에 맞추기 위해 노력했습니다. 그러나 아무리 노력해도 시댁의 기준은 높기만 했습니다.

사실 W 씨의 인생은 주변 사람들에게 잘 보이기 위해 노력하는 삶의 연속이었습니다. 어렸을 때 부모님이 이혼하신 뒤 어머니 손에서 크다가 어머니 또한 일찍 돌아가셔서 다시 아버지 손에 자랐습니다. 아버지마저 돌아가신 후에는 할머니와 할아버지 밑에서 자랐습니다. 그런 환경이다 보니 W 씨는 어렸을 때부터 주변 사람들의 눈치를 보는 데 익숙해졌습니다. 아무도 자신을 원치 않는 상황이라는 것을 어린 나이에 깨달은 W 씨는 철이 들 무렵부터 청소며 설거지며 집안 살림을 도맡았습니다. 초등학교에 다닐 때는 아는 어른, 모르는 어른 할 것 없이 어른들만 보면 인사를 했습니다. 남달리 인사성이 밝았다기보다는 어른들에게는 잘 보여야 한다는 생각에 무조건 인사를 했던 것이지요.

회사에 입사해서도 항상 솔선수범해서 회사 일을 했습니다. 인사성도 바르고 타인들과의 관계에서 양보와 배려가 몸에 밴 터라 W 씨의 평판은 매우 좋았습니다. 이 모든 게 타인의 인정과 시선을 최우선으로 살아온 결과였지요. 결혼해서도 이 패턴은 지속되어 시댁이나 남편과의 관계에서도 항상 양보하고 배려하고 순종하는 모습이었습니다.

　그러던 W 씨가 어느 날 시댁의 말도 안 되는 요구를 거부하자 집안이 뒤집어졌습니다. 남편도 앞장서서 W 씨를 비난했습니다. 몇 년 동안 최선을 다해 결혼 생활을 유지해온 W 씨는 시댁과 남편에게 오만 정이 떨어졌습니다. 그 뒤로 W 씨는 삶의 태도를 바꿔 가정과 시댁에 쏟아온 에너지를 회수해 자신을 위해 쓰기 시작했습니다. 사회복지 전공으로 늦깎이 대학생 신분이 되어, 대학에서 과 친구들과 잘 어울리며 발표도 도맡아 합니다. 모나지 않고 둥글둥글한 성격은 장점으로 작용했고 무슨 일이든 열심히 하는 성격은 대학을 다니면서 빛을 보기 시작했습니다. 시댁에서 오라고 하면 학교에 가야 하니 안 된다고 당당히 거절합니다. 아이들과 남편에게도 아침은 간단히 차려놓을 테니 알아서들 챙겨 먹으라고 말합니다.

　W 씨는 학교를 다니면서 새로운 세계를 알게 됐습니다. W 씨는 절대 예전처럼 살지 않을 겁니다. 의미와 가치 있는 삶이 어떤 삶인지 알아버렸으니까요. 열심히 노력해서 좋은 성적을 받는 긍정적인 피드백을 받으며 W 씨는 하루하루가 뿌듯합니다. 대학을 졸업한 뒤에는 자격증을 따서 이 분야와 관련한 일을 하고 싶다는 꿈도 생겼습니다. W 씨는 사회에서 소외되고 힘든 사람들을 도와주는 직업을 갖기로 했습니다. 자신처럼 어린 시절

에 힘들었던 또 다른 이들을 돕기 위해서요. W 씨의 남편과 시댁은 그녀가 어떤 마음으로 이 세상을 살아가고 있는지 알려고 들지 않습니다. W 씨는 자신이 같은 시간 다른 차원의 평행 세계를 살아가는 두 사람 같습니다. 학교에서의 자신과 가정주부로서의 자신이 각각 존재하는 것만 같습니다.

나와 세상과의 관계도
인간관계만큼 중요하다

이처럼 인간은 자신이 선택한 삶에 의미가 부여되어야만 그 삶에 만족스럽고 행복해집니다. 의미를 부여한다는 것은 서로 다른 두 가지를 연결해 관련성을 부여하는 것입니다. 실제적이고 객관적인 현실과 내가 만들어낸 주관적 현실이 결합해야 합니다. 객관과 주관이 만나 일정한 방향성을 갖게 될 경우, 그 의미는 나에게 귀하고 소중한 것이 됩니다. 이는 또한 나와 세상이 합을 맞춰 함께 추는 춤 같습니다. W 씨는 학교를 다니면서 인생의 방향성과 목적을 알게 됐습니다. 이것은 스스로 자신의 인생을 통제하며 살고 있다는 유능성입니다. 자신이 추구하는 삶이 의미 있으며 스스로 가치 있는 존재라는 것을 깨달은 것이지요. 학교에 다니는 것을 시댁과 남편은 쓸데없는 일을 한다고 폄하하지만, 아이들은 열심히 사는 엄마의 달라진 모습에 자극을 받고 노력하는 엄마의 모습을 자랑스러워 합니다.

이렇듯 인생에서 의미를 찾기 위해서는 세상과의 연결이 중요합니다. 세상과 의미 있게 연결되어 있을 때 의미 있는 타인이 내 인생에 끼어 들어와 톱니바퀴처럼 굴러가게 됩니다. 그런데 사람들은 타인과의 부정적인 관계에는 많은 노력을 기울이면서도, 내가 맺는 세상과의 관계에는 그다지 관심 없는 경우가 많습니다. 학교에 다니기 전의 W 씨처럼 말입니다.

세상과의 관계는 나의 삶을 풍요롭게 만들어주며 나의 성장을 응원합니다. 여기에 의미 있는 타인이 합쳐진다면 그 삶은 더욱더 행복해지겠지요. 나와 내가 더불어 함께 어울려 살아가는 세상이라니 얼마나 바람직합니까? 그래서 우리는 세상에 대해 긍정적인 오지랖을 부리는 것도 필요합니다. 작게는 공정무역 제품을 거래하고 비도덕한 기업에 대해선 불매 운동을 벌이는 것도 세상에 긍정적 오지랖을 부리는 방식입니다. W 씨가 학교를 졸업하면 그다음 의미는 무엇이 될까요? W 씨는 아마도 또 다른 삶에서 의미를 찾아낼 겁니다. 그것은 종교가 될 수도 있고, 세상을 돌보는 훌륭한 사회복지사가 될 수도 있고, 달라진 남편과의 화목한 가정이 될 수도 있습니다. 나중에는 손주들을 돌보며 세상의 의미를 찾을 수도 있겠지요.

우리는 인생의 의미를 여러 개 두어야 합니다. 그래야만 하나의 의미가 무너져도 다른 의미들이 내 삶을 지탱해줍니다. 미혼 시절과 학교에 다니기 전까지 W 씨는 인생의 의미가 행복한 가정을 일구고 꾸리는 것 딱 하나였습니다. 어린 시절에 이 집 저 집 돌아다니며 컸던 본인의 콤플렉스 때문에 화목한 가정은 W 씨에게 단 하나의 목적이자 사는 의미였습니다. 지금은 삶의 형태가 달라지니 주변 지인들도 바뀌었습니다. 학교에서 만난 교수님들, 실습하면서 만난 사회복지 관련 지인들, 학교 친구들 등 다채로운 색깔로 본인의 삶을 꾸려 나가고 있습니다. 삶의 새로운 모습을 보게 된 W 씨이기에 앞으로의 삶 또한 기대됩니다. W 씨는 앞으로도 절대 상황에 순응하며 살아가진 않을 겁니다. W 씨에게 말씀드리고 싶습니다. "브라보, 유어 라이프(Bravo, your life!)"라고요.

조종당하는 기분이 든다면
끊어내라

양가감정을 가진 대상들은 양가감정이 느껴지는 상황을 일부러 만들어서 타인을 조종하는 데 적극 활용합니다. 이런 사람과 가까운 관계에 있는 사람들은 머릿속이 복잡합니다. 양가감정을 가진 상대방을 생각하면 내치지도 다가가지도 못하고요. 그 상대방과 관련된 모든 일에서도 이러지도 저러지도 못하는 양가감정에 휩싸이게 되기 때문입니다.

눈치를 많이 보지만 정작 눈치가 없는 사람들

40대 후반 남성 K 씨가 인생을 사는 기준은 항상 '아버지의 뜻에 맞는가, 맞지 않는가'였습니다. 대학을 선택할 때도, 직장에 들어갈 때도, 현재 아내를 만날 때도 항상 아버지의 기준에서 아버지의 뜻을 거스르지 않는 선택을 해왔습니다. 이런 패턴에 익숙해진 나머지 K 씨는 본인의 삶에서는 상황에 따른 일관성이 없이 살아왔습니다.

K 씨가 보고 자란 상황 일관성은 아버지의 불편한 심기였습니다. 이는 그 나이에 맞는 적절한 인생관과 철학이 자리 잡을 마음의 공간과 심리적 여유가 없었기 때문입니다. 그래서 회사에서 관리자 자리에 올라갔을 때 업무 외에 직원들의 성품을 파악하는 일도 어려웠고, 직원들과 어떻게 소통할지 몰라 힘들었습니다. K 씨의 아버지는 기분이 태도가 되는 사람이라서 항상 아버지의 눈치를 보는 삶이 익숙했죠. K 씨는 항상 아버지의 표정과 말을 통해 아버지의 의중을 읽으려고 애썼습니다. 그러다가 정작 스스로의 불안이 어디에서 기인하는지는 알지 못했고 스스로의 불편한 감정은 꾹꾹 누르며 살아왔습니다. 아버지의 말 한마디에 담긴 불편함을 알아차리는 데만 선수급으로 자라났습니다.

그러다 보니 회사에서도 상사들의 말 속에서 자신에 대한 부정적인 분위기를 알아차리는 데만 탁월합니다. 눈치를 보는데 익숙한 K 씨이지만 정작 타인들과의 관계나 상황에서는 눈치가 없는 편입니다. 여기서 눈치는 상황에서 알 수 있는 정보를 제대로 읽고, 적응하는 데 필요한 정보를 취하며, 그에 맞는 합당한 사회적 행동을 하는 것을 말합니다. K 씨는 눈치가 없어서 직장 생활에서 상황 판단하는 것이 힘듭니다. 중요한 결정을 필요로 하는 업무의 경우, 어떤 것이 옳은 선택인지 몰라 마지막까지 우왕좌왕하다가 선택을 하고 그 선택에 대한 확신도 없습니다. 관리자로서 아래 직원들을 이끌어줘야 하는 입장이지만 이것도 어렵습니다. 일방적으로 아버지의 지시만 받는 삶을 살아온지라 본인의 범위를 넘어 타인들의 일에 대한 결정권을 행사해야 한다는 것이 버겁습니다. K 씨의 사회적 능력은 아버지를 대할 때에 한해서만 비대해졌으며 특화되었던 겁니다.

K 씨는 오롯하다는 느낌을 잘 모릅니다. 양가감정의 대상이었던 아버지, 그런 아버지가 자신을 대하는 방식에 따라 사랑하는 외아들과 무능하고 못난 아들 사이를 왔다 갔다 하면서 스스로의 정체성도 양가감정의 극단을 오락가락합니다. 어떤 상황에서도 아버지는 양가감정을 집어넣고 K 씨를 통제했습니다. K 씨가 어려서 뭘 몰랐을 때는 아버지가 자신의 인생을 위해 조언하는 거라고 믿어 의심치 않았기에 상황에 대한 양가감정이 들지 않았습니다. 이렇듯 어린 시절에는 아버지에 대한 양가감정과 자신의 정체성에 대한 양가감정까지만이 K 씨가 감당할 범위였습니다.

하지만 K 씨가 나이가 들며 자신의 생각이 생기고 옳고 그름에 대한 판단이 생기자, 아버지는 노선을 바꾸었습니다. K 씨의 아버지는 K 씨에게 일방적으로 지시하는 대신 교묘하게 K 씨 스스로 하는 선택이 자신의 입맛에 맞도록 상황을 조종했습니다. K 씨가 아버지 생일과 회사 당직이 맞물려서 본가에 가기 어렵다고 말하면 아버지는 "회사가 중요하니 당연히 당직을 서야지. 그런데 너는 당직을 바꾸는 융통성도 없니? 그날 엄마랑 둘이서 근처 식당에서 한 끼 간단히 사먹으련다"라고 말하며 K 씨를 불편하게 만듭니다. 아버지는 K씨에게 겉으로는 자유로운 선택을 주는 것처럼 보이지만, 사실 생일 대신 당직을 선택한 K씨를 에둘러 비난하면서 죄책감을 심어주고 있습니다. 이렇게 상황에 대한 양가감정이 더해지면서 K 씨의 머릿속은 더욱 복잡해지고 말았습니다.

　K 씨의 아버지가 쓰는 방법은 상대방을 교묘히 내 입맛대로 조종하기 위한 행위입니다. 먼저 이것도 저것도 아닌 양가적인 상황을 만듭니다. 아버지 생일과 회사 당직은 양가적 상황이 아닙니다. 회사 당직이 우선인 것이고 아버지 생일 기념 식사는 다시 일정을 조율할 수도 있는 상황이지요. 물론 당직을 바꿀 수도 있겠지만 회사 사정상 K 씨는 그럴 수가 없는 상황이었습니다. K 씨 아버지 같은 사람들은 고민이 필요 없는 상황을 고민이 필

요한 양가 상황으로 적극적으로 만들어버립니다.

　두 번째로 이들은 공을 상대방에게 던집니다. 자유롭게 선택할 수 있도록 상대방을 존중해주는 듯이 보이지만 그렇지 않습니다. 차라리 강압적으로 내 생일에 오라고 하는, 세련되지 못한 방법을 쓰면 K 씨는 '우리 아버지는 강압적인 꼰대'라는 걸 확실히 느끼게 되지요. 이렇게 하면 K 씨는 반발하는 마음을 갖기 쉽겠지요? 그러므로 이런 방법은 하수들이 쓰는 방법입니다. K 씨 아버지 같은 조종과 통제의 고수들은 마치 선택권을 상대방에게 준 것처럼 포장을 합니다. 그 결과로 회사에서 인사 고과를 잘 못 받게 되더라도 책임은 K 씨에게 있는 것이지 아버지에게 있는 것도 아닙니다. 아버지는 절대 K 씨에게 생일날에 오라고 강요를 한 적이 없기 때문입니다.

　마지막 세 번째는 본인이 원하는 선택지로 K 씨를 은밀하게 밀어 넣기 위해 상황을 만듭니다. '네가 오지 않으면 엄마랑 근처 식당에서 대충 먹을 것이다'면서 K 씨에게 죄책감을 심어줍니다. 그럼 K 씨는 마음이 불편해지고 불효를 저질렀다는 마음을 갖게 되겠지요. 어쩔 수 없이 앞으로 아버지 생일에는 하늘이 두 쪽 나더라도 본가에 가는 선택을 하게 될 겁니다. 아버지가 원한 방식대로 행동하는 거지요. K 씨의 아버지는 자신이 원하는 상황으로 K 씨가 선택하도록 은밀하게 유도하는 방법을 택해왔습니다.

타인에게 조종만 당하면
진정성 없는 관계만 맺게 된다

———————

양가감정의 상황을 만드는 사람은 잘 살펴보고 멀리해야 합니다. 그런 사람들은 상반된 '더블 메시지(Double message)'를 던져서 사람을 헷갈리게 합니다. 속뜻은 숨겨두고 상대방 의사와는 상관 없이 자신의 마음에 드는 결론을 내립니다. 이들이 내리는 결론은 더블 메시지를 던진 본인을 위한 것일 뿐 상대방을 위한 것이 아니기에 당사자는 복잡할 수밖에 없습니다. 이들은 자신의 뜻과 다른 선택을 하면 상대방에게 죄책감을 느끼게 하거나 복수를 시전합니다. 그런 사람과 함께 있으면 내 감정을 존중받지 못하는 느낌을 받습니다. 내가 느끼는 불안과 두려움, 나의 행복과 기쁨, 충만한 감정이 모두 온전하게 내 것이 아닌 것 같지요. 내 안에 있는 다른 목소리가 방해하기 때문입니다. 그 목소리는 내가 나 자신으로 가만히 있지 못하게, 내가 지금 여기서 현재에서의 삶에 집중하지 못하게 방해합니다. 항상 나의 머리를 과거의 나로, 내가 한 잘못과 실수로 데려다 놓기 때문입니다.

양가감정을 가진 사람과의 관계에 익숙한 사람들은 '진정성'을 배우지 못하고 세상에 던져집니다. 어떤 사람에게 자신의 속얘기를 어느 정도까지 해야 하는지 잘 모르기 때문입니다. 양가

감정을 주는 대상과의 가짜 관계, 항상 상대방과 계산하는 관계에만 익숙하지요. 때로 어떤 관계에서는 머리로 철저히 계산해야 하지만, 어떤 관계에서는 뜨거운 가슴이 움직이며 진정성을 보여줘야 합니다. 그러나 양가감정을 가진 대상과 양가감정을 일으키는 상황에 놓인 사람들은 머릿속으로 계속 주판알을 튕기면서 계산을 합니다. 그 과정에서 자신에게 솔직하지 못하고, 상대에게 솔직하지 못한 결론을 따라가며 자신의 인생을 결정합니다. 타인에 대한 진정성을 보이지 못하는 사람들은 스스로에 대한 진정성도 없는 인생을 살게 됩니다.

타인에게 최선을 다하기 위해서는 먼저 나 자신에게 최선을 다해야 합니다. 나의 감정, 나의 생각, 나의 가치, 그리고 소소하게는 지금 여기서의 나 자신에게 충실한 삶을 사는 것이 진정성을 가지고 나 자신을 대하는 것입니다. 그러면 나를 둘러싼 관계 또한 진정 의미 있는 관계가 되고, 나는 행복한 삶을 살게 됩니다. 이처럼 타인과의 진짜 관계는 나와의 진짜 관계의 다른 이름입니다.

세상이 붙여준 성격 라벨을
과감히 떼어내라

20대 초반 A 씨는 같은 과 친구 때문에 고민이 많습니다. 그 친구는 과의 소위 '인싸' 같은 존재로 영향력이 큰 사람입니다. A 씨는 그 친구와 조별 과제를 하게 되면 바쁜 친구를 대신해서 자료를 조사하고 친구 몫까지 PPT 작성도 도맡습니다. 그런데 그 친구는 미묘하게 A 씨를 깎아내립니다. 과제 때문에 A 씨가 교수님에게 지적 받으면 그래도 예전보다는 나아졌다며 실망할 필요 없다고 위로합니다. 욕하는 건지 칭찬하는 건지 알 수가 없습니다. A 씨가 교수님에게 칭찬을 들으면 저 교수님은 항상 말은 저렇게 좋게 하지만 뒤통수치기 일쑤라며 칭찬에 취해 있지 말라고 경고합니다.

A 씨는 그 친구만 보면 불편합니다. 제가 그 친구와의 관계

를 왜 정리하지 못하냐고 묻자 A 씨는 그 친구의 영향력이 크기 때문이라고 답합니다. 그 친구와 관계가 틀어지면 대부분의 과 친구들이 자신에 대해 좋지 않게 말할 것이 두렵다고요. 그래서 A 씨는 그 친구와의 관계에서 할 말을 못 하고 계속 을의 위치를 자처하고 있습니다. 친구의 미묘한 지적과 이상한 칭찬을 들으면서 계속 헷갈려 하면서도 그 친구에게 잘 보이려고 노력하는 관계를 유지하고 있는 것이지요.

'착하다'는 타인에게 초점을 맞춘 성격

A 씨의 인간관계는 '상대방에게 어떻게 보일까' 하는 데 초점이 맞춰져 있습니다. A 씨는 남들에게 착하게 보여야 한다는 명제에 사로잡혀 있습니다. 그래서 항상 다른 사람들에게 자신을 맞춥니다. 다른 사람들의 입에 자신의 험담이 오가는 상황은 상상만 해도 불안합니다. 다른 사람들이 A 씨에게 무례하게 대해도 화를 내거나 따지지 못합니다. 어떤 상황에서도 자신의 감정을 삼키고 자신의 의견을 숨기며 가만히 있습니다. 때로는 과 친구들이 자신을 만만히 보고 함부로 대한다는 생각에 속상할 때도 있습니다. 과제를 배분할 때 친구들은 A 씨에게 어렵고 귀찮

은 업무를 미루기 일쑤입니다. 과제 때문에 만나야 할 때도 멀리서 통학하는 A 씨의 사정은 아랑곳하지 말고 모임 시간을 밤늦게 잡기도 합니다. A 씨는 막차를 놓칠까 봐 발을 동동 구르는 일이 다반사입니다. 그러면서도 자신이 멀리서 통학하니 과제 미팅 시간을 강의가 끝난 뒤로 조정하자고 말한 적도 없고, 과 친구들이 알아서 배려해준 적도 없습니다. 그러나 A 씨는 이런 상황을 바꾸려하지 않습니다. A 씨는 착하다는 말이 듣기 좋습니다. 스스로 좋은 사람이 된 것 같아 뿌듯하기 때문입니다.

'착하다'는 형용사를 사전에서 찾아볼까요. '언행이나 마음씨가 곱고 바르며 상냥하다'라고 나와 있습니다. 주로 성격을 묘사할 때 사용되는 형용사입니다. 한국 사회는 이 '착하다'는 형용사를 좋아합니다. '가격이 착하다'고 말하는 경우도 있습니다. '착한 기업'이나 '착한 가게'도 흔히 들을 수 있는 말입니다. '착한 먹거리'라는 말도 있습니다. 서로 관련 없는 형용사와 명사인데 이리 이어붙여 놓았습니다. '착하다'는 말은 '아름다운' '좋은' '바른' 등등의 의미로 확장되어 사용됩니다.

그런데 '착하다'는 말은 누군가를 바라보는 사람의 입장에서 평가되는 단어입니다. 바라보는 사람의 입장에서 자신의 마음에 든다는 의미이지요. 다시 말해, 수동이나 피동적인 입장에서 쓰이는 단어입니다. A 씨가 쓰는 단어를 가만히 살펴봅시다. A 씨는 타인과의 관계에서 피동적인 의미의 단어를 많이 사용합니다. '항상 착한 사람이 되어야 한다' '타인에게 인정받고 싶다' '과 친구들에게 좋은 인상을 주어야 한다' '친구들에게 사랑받고 싶다' '남들이 나를 욕하는 것은 나를 거부하는 것이다' 이런 식으로 A 씨는 스스로 당당한 주체가 아닌 타인에 속한 객체로서의 자기 모습에 신경 쓰고 이를 위해 노력합니다.

'피동의 언어'로만 말하는 사람들의 특징

40대 중반 B 씨 또한 마찬가지입니다. 시장에 가면 상인의 호객 행위에 이끌려 필요 없는 물건도 사게 됩니다. 적은 양이 필요해도 이렇게 조금 사면 주인이 남는 게 없을 거라는 생각에 항상 필요한 양보다 과하게 사 옵니다. 심지어 미용실에서 만나서 수다를 떨던 옆집 이웃이 전화번호를 달라고 하면 친하게 지낼 생각이 없으면서도 전화번호를 건네줍니다. 친구가 시댁 문제로 하소연하고 남편 욕을 하면서 신세 한탄을 하는 것을 끊임없이 들어주기도 하고요. 친구의 반복되는 이야기가 지겹지만 이제 그만 얘기하라는 소리도 못 합니다.

B 씨는 살면서 남에게 싫은 소리를 해본 적이 없습니다. 자신은 오지랖이 넓은 사람이라서 다른 사람의 사정을 먼저 들여다보게 된다고 말은 하지만 B 씨는 자신이 오지랖을 부렸다는 그 사람들에게 진정한 관심은 보이지 않습니다. 단지 학창 시절에 왕따를 당해 힘들었던 기억이 강하게 남아 있는 B 씨는 그 시절로 돌아가고 싶지 않은 마음이 커서 남의 부탁을 좀처럼 거절하지 못하는 겁니다. 모두에게 배척당해서 혼자 점심을 먹고 아무도 말을 붙이지 않으며 친구가 한 명도 없었던 그 시절의 힘듦을 다시 겪고 싶지 않은 것이지요. B 씨 또한 타인의 시선에 항상 신경을 씁니다. 타인의 눈에 비친 모습이 진짜 자신의 모습이라고 믿습니다. B 씨가 가장 두려워하는 것은 타인들에게 배척당하고 혼자가 되는 상황입니다.

피동의 형태로 자신을 기술하는 사람은 타인과의 관계에서 수동의 형태로 자신을 설명합니다. B 씨의 남편은 자기만 아는 이기적인 사람입니다. B 씨의 결혼 생활은 결코 행복하다 할 수 없겠지요. 그러나 B 씨는 자신이 이렇게 살고 있는 이유는 남편을 잘못 만났기 때문이라고 생각합니다. 남편 때문에 모든 게 망가져버렸다면서요. 아이들 때문에 어쩔 수 없이 남편과 살고 있으며, 지금의 남편이 아니라 성품이 좋은 이를 남편으로 만났더라면 자신의 인생이 지금 같지는 않았을 거라고 말합니다.

B 씨의 현재 상황을 '능동의 형태'로 다시 설명해보겠습니다.

'사람을 보는 안목이 없어서 이기적이고 못된 남편을 만났다. 그러나 아이들을 포함한 여러 상황을 고려한 결과, 지금 남편과 사는 것이 나로서는 최선이다. 그래서 이혼하지 않고 내 삶을 살아가고 있다.'

다른 시나리오도 가능합니다.

'연애할 때는 몰랐으나 결혼한 뒤 남편이 이기적이고 못된 성격이며 경제적 능력도 없는 사람이라는 것을 알게 되었다. 하지만 아이들을 남편 없이 키운다는 게 두려워서 이혼하지 못했다. 그러나 남편의 패악을 도저히 참을 수 없어 남편과 이혼을 결심했다. 내가 한 선택이 내 인생에서 최선의 선택이다.'

현재의 남편과 같이 살든 따로 살든 매 순간 선택한 것은 나 자신이기 때문에 현재 내 삶에 책임지는 것은 나 자신이라고 생각하는 것이 성숙한 자세입니다. 내가 어느 부분에서 잘못했는가 파악하고 그 잘못을 고치려고 노력해야 그 다음 단계로 나아갈 수 있기 때문입니다.

무조건 나를 비난하고 비하하기 위해 나의 잘못을 찾는 것과는 다릅니다. 나의 어떠한 점이 이런 결과를 만들었으며, 내가 할 수 있는 다른 선택은 어떤 것들이 있었고, 나는 어떤 이유로 지금의 선택을 했는가를 고민하자는 겁니다. 그 지점을 알아야만 현재 나의 삶에서 개선할 부분의 시작점이 보이기 때문입니다.

오직 내 관점으로, 나를 능동적으로 바라보라

돌싱들이 출연하는 리얼리티 짝짓기 프로그램을 재미있게 본 적 있습니다. 이혼 사유를 묻자 다들 구구절절하게 설명합니다. 상대방의 명백한 귀책 사유로 이혼하게 된 경우도 있지만, 그런 사람을 배우자로 택한 자신의 안목도 다시 점검해볼 필요가 있는데 다들 남탓만 하기 바빴습니다. 상대방의 과실로 인해 이혼했다는 사실보다는 헤어진 배우자를 비난하고 존중하지 않는 태도가 먼저 눈에 띄더군요. 오히려 어려서 철이 없어서 성숙한 남편이나 아내가 될 준비가 되지 않았었다고 자신의 잘못을 깔끔히 인정하는 사람이 더 어른스러워 보였습니다.

　내 인생을 기술할 때는 오롯이 나의 관점에서 나의 자서전을 쓰면 됩니다. 나를 피동으로 혹은 수동으로 놓을 필요는 없습니다. 나의 인생을 설명할 때 부모를 잘못 만나서, 결혼을 잘못해서 등등 남 탓으로 돌릴 이유도 없습니다. 내 인생은 오롯이 나의 관점에서 나를 능동으로 보고, 나를 주인공으로 삼아 기술하면 됩니다. 그러나 많은 사람들이 의외로 자신에 대해 모릅니다. 당연히 타인에 대해서도 모릅니다. 그래서 MBTI도 알아보고 사주 팔자나 점도 봅니다. 혹 이름이 잘못되어서 인생이 안 풀리는가 싶어서 개명도 합니다. 남이 붙여준 혹은 세상이 달아준 라벨을 의심 없이 나의 꼬리표로 받아들입니다.

그러나 이런 모든 것들은 미래의 방향성이 되어주지 못합니다. 나에 대한 라벨은 내가 붙여야 합니다. 저는 착하다는 라벨 대신에 용기 있고 진정성 있다는 라벨을 붙이고 싶습니다. 제가 생각하는 착한 사람은 수동적이고 남의 말에 잘 따르는 자기 소신이 없는 사람이 아닙니다. 누군가의 불의를 보면 용기 있게 나설 수 있는 사람이 착한 사람입니다. 그런 용기가 나오기 위해서는 '옳고 그름에 대한 확고한 기준'이 있어야 합니다. 또한 당장의 유혹에 넘어가지 않는 강단도 필요합니다. 그것이 진정한 선함입니다.

타인과의 관계를 기술하는 데 있어 피동과 수동이 아닌 능동의 라벨을 붙입시다. 타인의 시각에서 바라보는 피동의 표현 '착하다'가 아닌, 나의 시각으로 기술하는 '진정성 있다' '정의롭다' '타인에 대한 배려가 있다' 등등 능동의 표현으로 살아가는 삶을 추천합니다. 우리는 한 사람 한 사람 모두 내 인생의 주인공이기 때문입니다.

의미 있고 실질적인 대화하기

1부에서 진짜 관계에 있는 사람들은 '우리'라는 대명사와 함께 '해야 할 일(What)'을 '어떻게(How)' 할 것인지 많은 이야기를 나눈다고 말씀드렸습니다. 이들은 이렇게 현실적이고 구체적인 대화 말고 철학적이고 추상적인 이야기도 많이 나눕니다. 철학적·추상적이라고 하니 어려워 보입니다. '실존주의나 포스트모더니즘 같은 심오한 대화를 한다는 건가?' 하는 생각이 듭니다. 그렇지 않습니다. 너와 나 사이에 이루어지는 철학적·추상적인 대화는 이런 것들입니다. '왜 그런 생각을 했는지? 그 당시에 어떤 감정을 느꼈는지? 많이 속상하고 힘들었는지? 앞으로 어떤 미래를 계획하고 꿈꾸는지? 그 미래가 너와 잘 어울리고 맞는지?' 하는 대화이지요. 상대방에게 '왜 그랬는지(Why)' 동기를 물어보고,

상대방의 감정에도 주의를 기울이며 상대방의 미래에 대한 희망과 기대 등을 탐색하는 대화를 많이 합니다. 즉, 보이지 않는 그 사람의 내면까지 살피려 노력하면서 그 사람 자체를 알아보려는 노력을 합니다.

우리의 이야기가 아닌
남 이야기만 하는 가짜 관계

우리가 연애 초기에 하는 말과 행동을 떠올리면 쉽게 이해할 수 있습니다. 상대방에게 하는 수많은 질문들을 새겨들으려고 노력합니다. 아이를 키울 때도 마찬가지입니다. 아이의 잘못된 행동이 마음에 들지 않고 이해되지 않더라도 아이의 입장에서 귀를 열고 들으면서 아이를 이해해보려고 노력할 때도 이런 대화를 많이 합니다. 마음이 통하는 친구에게 어렸을 적 부모에게 받은 상처를 솔직히 드러내면서 위로를 받거나 미래에 대한 희망을 얘기하면서 진심 어린 격려를 받기도 합니다. 이 순간, 이뤄지는 대화가 바로 이런 것들입니다. 회사에서 무슨 일이 있었고, 그 당시 내 마음이 어떠했고, 앞으로 어찌 회사 생활을 해야 하나 이야기하지요. 너와 나, 그리고 우리에 대한 이야기가 여기에 해당

합니다.

진짜 관계에 있는 사람들은 의미 있고 실질적인 대화를 하는 시간이 상대적으로 많습니다. 그러나 가짜 관계에 있는 사람들은 허공에 뿌려지는 헛된 얘기를 하는 시간이 더 많습니다. 연예인들의 소문이나 정치 얘기, 남 얘기가 이런 것들입니다. 헛된 남의 얘기를 많이 하는 사람은 결코 행복하지 않습니다. 주로 자신과 남을 비교하는 경우가 많기 때문입니다.

'엄친아' '엄친딸'도 이런 맥락에서 나온 단어입니다. 한국 사회는 특히나 남의 이목을 중시하고 사회가 정한 평균을 못 따라가는 경우, 자신을 무능하다 여기는 경향이 있습니다. 남의 집 결혼식에 다녀온 뒤 나이가 꽉 찼는데도 결혼도 안 한 내 자식을 보고 한숨을 쉬거나, 부모님의 도움으로 아파트를 장만한 친구를 부러워하며 그러지 못한 내 처지를 한탄하는 경우가 바로 이런 것이지요. 나와 상관없는 세상에 사는 연예인들의 소문을 들먹이며 시간을 보내는 것도 마찬가지 경우입니다. 상대방이 별로 궁금하지도 않고 할 이야기가 별로 없으니 소위 남의 이야기를 하면서 시간을 때우는 것이지요.

20대 중반 K 씨는 자신이 나가는 모임에 대해 진지하게 고민 중입니다. 3년 전 군대를 전역한 K 씨는 좋은 선임과 동기를 만나 그런대로 괜찮은 군대 생활을 했습니다. 강압적이고 통제적인 부모 아래 자랐기에 K 씨는 군대에서의 2년여간이 오히려 행복했습니다. 고등학교를 졸업하고 입대해 또래들을 보면서 자신의 가정이 얼마나 비정상적인지 알게 되었습니다. 군 생활에 잘 적응한 K 씨는 제대한 뒤에도 군대에 있을 때 만난 선임, 동료, 후임과 모임을 이어오고 있습니다. 일 년에 두어 번 정도 서울에서 모임을 갖는데, 그때마다 KTX를 타고 먼 거리를 오가는 상황입니다. 그러나 지금은 더 이상 모임이 재미가 없습니다. 모임에서 쓸데없는 소리만 하다가 돌아오면 허무하기 그지없습니다. 모임에서는 근황에 대한 짧은 이야기가 오간 후 의미 없는 대화만 이어집니다. 모임의 누군가가 하는 말에 적당히 맞장구치는 것 자체가 감정노동 같고 더 이상 재미있지 않습니다.

20대 중반 L 씨의 이야기입니다. L 씨에게는 얼마 전 초등학교 교사인 엄마가 은퇴한 날이 좋은 기억으로 남아 있습니다. 은퇴하던 날, 그 소식을 들은 아이들이 우는 것을 보고 엄마는 많이 놀랐다고 했습니다. 요새 아이들이 담임 선생님이 은퇴한다는 소식에 울음을 보일 것으로 예상하지 못했던 것이지요. 엄마도 울음이 나오려는 것을 꾹 참고 아이들 이름을 하나하나 불러주면서 덕담하는 것으로 그 자리를 마무리했다고 합니다. 교사 생활을 하면서 힘든 일도 많았지만 그래도 나름대로 열심히 일했던 자신이 대견하고 자랑스러웠다는 엄마의 얼굴에는 은은한 미소가 감돌았습니다. 엄마는 일개 교사인 자신에게 학생들이 커다란 인생의 의미를 부여해주었다며 아이들에게 고맙다고 얘기했습니다.

L 씨에게는 엄마의 행복한 기억과 내면 깊이 간직했던 모습을 알게 된 기회였습니다. 이야기를 하는 엄마와 이야기를 듣는 L 씨 모두 행복했던 시간이었습니다. 바로 이것이 너와 나 사이에 이루어지는 의미 있고 실질적인 대화입니다. 그 얘기를 전해 듣는 제3자인 저도 저절로 미소가 지어지고 행복해졌습니다. 의미 있고 실질적인 얘기들은 이렇게 긍정의 힘을 전파합니다.

'굳이 이 사람과 만날 필요가 있나'를 고민하라

가짜 관계에 있는 사람들이 많이 쓰는 단어 중 하나가 '그냥'입니다. '그냥' 심심하니까 친구와 만나 술을 마셨다. '그냥' 내가 외로워서 연애를 시작했다. 친구가 같이 가자고 해서 그 자리에 '그냥' 나갔다 왔다. 별로 좋은 사람이 아닌 것을 알지만 여태 만나온 정이 있어서 '그냥' 친구 관계를 유지하고 있다. 이런 식이지요. 상대방과 나에 대한 심오한 철학적·추상적 의미를 사색해본 경험이 없습니다. 친구든 연인이든 지인이든 꼭 그 사람이어야 할 필요도 없습니다. '그냥' '아무나'와 만나서 시간을 때우기만 하면 되니까요. 그래서 '그냥'과 함께 '아무나'도 추가됩니다. 그 사람이 어떤 사람인지는 별로 중요하지 않습니다. 그 사람 자체에 대해 고민해본 적도 없습니다. 그들은 나의 무료한 시간을 때워주면서 나와 함께 수다를 떠는 역할만 하면 되니까요. 나는 그들을 목적으로 대하지 않고 수단으로 대하며, 그들 또한 나를 목적이 아닌 수단으로 대합니다. 만난 지 두어 달 된 그냥 '아무나'와 쉽게 동거를 시작하는 사람들도 있지요. 클럽에서 만난 '아무나'와 '원나잇'을 합니다.

이들이 상대방에 대해 설명하는 말도 간단하기 그지없습니다.

"걔는 그냥 착한 사람이야."

왜 착하다고 생각하는지 설명이 없습니다. 두루뭉술 애매모호하게 단지 '내성적이다' '착하다' '좀 까칠하다' 이런 것이 인물평의 전부입니다. 인간은 복잡다단한 존재라는 배려가 없습니다. '그 사람에 대해 내가 파악한 것은 지금까지 이게 전부다' '그 사람은 이러저러한 사람이다' '그 사람의 과거 어떤 부분이 현재 성격에 영향을 미쳤다'와 같은 세부적인 설명을 하지 못합니다. 그 사람에 대해 잘 모르기 때문이지요. 물론 그 사람 또한 나에 대해 잘 모릅니다.

'그냥' '아무나'와 맺는 관계에 익숙한 사람들은 실질적이고 의미 있는 대화를 하면서 느끼는 충족감과 행복함을 알지 못합니다. 겪어본 적이 없고 맺어본 적이 없으니까요. 인생이 공허하다고 말하는 사람들은 타인과의 관계 맺음에서 그냥 아무나와 의미 없는 대화로 시간을 보내는 사람들입니다.

K 씨가 한 말이 아직도 생생하게 기억납니다. K 씨는 예전에는 누군가를 만날 때 '굳이 이 사람을 끊어낼 필요가 있나' 고민했다고 합니다. 그러나 지금은 누군가를 만날 때 '굳이 이 사람과 만날 필요가 있나' 고민하는 것으로 방향을 틀었다고 합니다. 군대 동기 모임이 있다는 통보를 받고 하게 된 고민입니다. 현명한 K 씨는 시간이 지나면서 스스로 답을 찾아낼 겁니다. 어느 순간부터 타인과의 본능 지향적이고 관계 지향적인 삶 대신에, 삶의 의미를 찾기 위한 목적 지향적이고 의미 지향적인 삶으로 바뀌기 시작했으니까요.

나는 나이며
나로서 고유한 사람이다

집합주의 문화가 주류를 이루는 한국 사회의 특징적인 문화가 있습니다. 바로 '좋은 게 좋은 거'라는 문화입니다. 같은 단어가 두 번 반복되는 이 말은 뻔한 것 같지만 그 속뜻은 다양한 해석이 가능합니다. 일단 이 말은 주체도 없고 객체도 없으며 원칙도 없고 논리도 없습니다. 나에게(혹은 우리에게) 좋은 것이 너에게도 좋은 것이다. 여기서 더 따지면 여러 사람이 피곤해지니 일단 이 선에서 덮자. 원리원칙을 따지고 드는 사람으로 찍히면 너만 손해니 그냥 융통성 있게 살자. 이런 의미로 해석할 수 있습니다.

가짜 관계를 만드는 말 : "좋은 게 좋은 거"

30대 공무원 B 씨는 최근 성추행 문제로 직장 상사 C 씨를 고발했습니다. 이 과정에서 제보자의 비밀 유지를 관계 기관에 요청했으나, 관계 기관에서는 막상 B 씨를 보호해주지 못했습니다. 게다가 성추행 사건을 처리하는 몇 달 동안 가해자와 한 공간에서 근무해야 했습니다. 성추행 문제는 별것 아닌 것으로 치부하고 오히려 상사를 고발했다는 것을 괘씸하게 생각하는 타 부서 상관들의 눈총도 견뎌내야 했습니다. 사건을 처리하는 과정에서 상대 변호사의 전화는 B 씨를 더욱 화나게 했습니다. C 씨의 변호사는 적당한 수준의 금전적 합의를 제시하면서 판사에게 가해자 C 씨의 선처를 부탁하는 탄원서를 써줄 것을 부탁했습니다. 여기까지는 변호사의 당연한 책무라고 볼 수 있습니다. 그런데 그다음 말이 가관입니다. B 씨 때문에 C 씨의 밥줄이 끊기게 되었다며 '좋은 게 좋은 거'라는 말을 한 겁니다. 당시에 어이없어서 별다른 대응을 하지 못한 B 씨는 저에게 상담을 받으러 와서 C 씨가 본인의 밥줄을 스스로 끊은 거지 내가 왜 C 씨의 밥줄을 끊었다는 말을 들어야 하냐고, 뭐가 좋은 게 좋은 거냐고, C 씨에게나 좋은 거지 그게 왜 나에게 좋은 거냐고 울분을 터트렸습니다.

40대 K 씨의 경우도 마찬가지입니다. 어린 시절 부모에게 학대받고 자란 K 씨는 다행히 좋은 배우자를 만나 행복한 결혼 생활을 하고 있습니다. 지금의 남편과 본격적으로 결혼 얘기가 오가기 시작할 때쯤 부모와 절연한 상태로 지내고 있다고 고백했습니다. 어린 시절에 당한 신체적·정서적 학대, 그로 인한 상처 등 K 씨가 어린 시절부터 지금까지 부모 때문에 겪어야 했던 고통을 얘기하면서 나를 부모 없는 고아라고 생각해달라고 지금의 남편에게 솔직하게 말한 것이지요. K 씨는 아내의 뜻을 존중해서 장인 장모 없는 결혼식을 올렸고, 현재 자식도 낳고 행복한 결혼 생활을 하고 있었습니다. 그런데 어느 날 K 씨의 아버지가 완치되기 어려운 암에 걸렸다며 남동생을 통해 보고 싶다는 연락을 해 왔습니다. 이 말을 들은 K 씨는 아버지를 별로 만나고 싶지 않고, 장례식에도 참석할 생각이 없다고 남동생에게 분명히 말했습니다.

문제는 K 씨의 남편입니다. K 씨의 남편은 화목한 가정에서 사랑받으며 자라 K 씨의 상처를 짐작만 할 뿐이지 정확히 이해하지는 못했습니다. 무난하게 사랑받으며 자란 자신의 환경을 평균으로 생각한 거지요. K 씨의 부모가 나빠봤자 자신이 봐온 부모 자식 관계의 평균치 어디쯤 해당된다고 생각했습니다. K 씨의 남편은 장인어른이 돌아가시면 후회할 거라면서, '좋은 게 좋은

거'니 이번 기회에 장인 장모께 뒤늦은 인사도 드리고 왕래도 하
자며 설득하다가 K 씨와 대판 싸우게 되었습니다. K 씨는 남편
의 마음 씀씀이는 고마우나 부모와의 관계는 지금이 최선이라고
생각합니다. 부모를 정식으로 고소하지 않는 것이 부모에 대한
자신의 용서라고 생각하기 때문입니다.

관계의 평화를 위해
개인의 감정적 희생을 강요하지 마라

주체와 객체가 없는 이 좋은 게 좋은 거라는 말은 가해자와 기득
권자, 강자를 위한 말입니다. 깍두기가 부족한 자, 약자를 배려
하는 것과는 극과 극으로 다르지요. 그래서 좋은 게 좋은 거라는
말은 인간관계에서는 폭력적일 수밖에 없습니다. 강자를 위한
양해, 또는 이해를 약자에게 요구합니다. 원칙과 상식은 존재하
지 않으며, 그 자리에 변칙과 이익이 존재합니다. 합리와 공정은
내다버리고 비합리와 불공정이 만연합니다. 가장 끔찍한 것은
좋은 게 좋은 것이 아니라고 외치는 피해자와 약자를 까다롭고
유별난 사람으로 보는 사회적 시선입니다. 또한 B 씨와 K 씨의
사례처럼 개별적 존재로서의 기본적 존엄성이 무시됩니다. 평화

로운 공무원 사회와 허울뿐인 화목한 가정이라는 집단의 무사태평함을 위해 한 개인의 감정적 희생을 강요하는 것이지요.

개인주의와 집합주의는 사회 구성원들간의 문화적 차이를 구별하기 위해 만들어진 개념입니다. 북유럽과 북미권 나라들은 개인주의가 주를 이루고, 한국 사회를 비롯한 동아시아권은 집합주의 문화권이라고 할 수 있습니다. 개인주의자들은 나의 관점이 중요하고 집합주의자들은 우리의 관점이 중요하다고 봅니다. 개인주의자들은 개인의 이익을 집단의 이익보다 우선시하며 평등보다는 개인의 자유를 우선시합니다. 집합주의자들은 집단의 이익이 개인의 이익에 우선하며 자유보다는 평등의 이념을 중시합니다. 개인주의자들에게는 개인의 자아실현이 목표라면 집합주의자들에게는 조화로운 사회가 목표입니다. 개인주의자들이 독립적인 반면 집단주의자들은 상호의존적입니다. 개인주의가 정의를 달성하는 데 관심 있는 반면 집합주의는 타인과의 관계를 유지하는 데 관심이 많습니다.

우리는 왜 혼자 존재하지 못하는가

누구나 알 만한 내용이지만 의문스러운 게 있습니다. 요새 한국 사회에서 'MZ세대' '90년생'이라는 화두가 회자되고 있습니다. 이들은 디지털 환경에 익숙하고 자신의 가치를 가감 없이 소비 패턴으로 표현한다는 특징 외에도 할 말 다하고 거침없다는, 윗세대에서 보기에 다소 부정적인 특징도 갖고 있습니다. 이쯤에서 갸우뚱해집니다. 이런 모습을 보면 한국 사회가 집합주의 문화에서 개인주의 문화로 넘어가는 과도기로 생각되는데, 과연 그럴까요? 그런데 한국 사람들은 동호회 활동이나 인터넷 카페 활동을 열심히 하며, 비도덕한 기업에 대한 불매 운동에 진심이고, 청와대 민원 등의 단체 활동에도 열심인 오지랖이 태평양 같은 집합주의적 민족입니다. 반대로 대학 입시나 취직 등 극심한 경쟁에 익숙해 집합주의적이라고 보기 어려운 것도 사실입니다.

문화심리학자인 테오도로 싱겔리스(Theodore Singelis)와 해리 트라이언디스(Harry Triandis)의 '수직(Vertical)'과 '수평(Horizontal)' 개념이 들어간 새로운 방식의 개인주의와 집합주의를 살펴볼 필요가 있습니다. 조직문화가 상하 위계가 확실한 경우에는 수직적이라 말하고 상호 평등일 경우에는 수평적이라 말합니다. 이에 따르면 한국 사회는 수직적 집합주의에 속한다고 볼 수 있습니다. 그러나 시대가 흐를수록 개인주의의 비중이 증가하면서 개인주의와 집합주의의 문화적 경향이 혼재하는 모습이 나타나고 있습니다. 특히 젊은층을 대상으로 한 여러 연구 결과를 살펴보면 수직적 집합주의뿐만 아니라 수평적 개인주의, 수평적 집합주의 등도 골고루 포함되어 있음을 알 수 있습니다.

좋은 게 좋은 거라는 한국 사회의 관행은 혼자되기를 두려워하는 인간의 기본 욕구와 선이 닿아 있습니다. 인간은 진화적으로 누구나 타인과 관계를 맺고 싶어 하는 욕구를 가지고 있습니다. 갓 태어나서는 생존을 위해 가족과 관계를 맺습니다. 그 과정에서 가장 중요한 인물인 엄마와 애착을 형성하지요. 조금 더 자라면 불안을 덜어내고 정서적인 안정감을 얻기 위해 타인과 관계를 맺으면서 세상을 확대합니다. 그 과정에서 친구도 만나고 연인도 만나지요. 성인이 되면 사회적 협동과 협업을 위해 직장 동료와 관계를 맺게 됩니다. 소속에 대한 욕구는 인간의 원초적 욕구라 할 수 있습니다. 실제로 컴퓨터로 공 던지기 놀이를 하는 대학생들의 뇌를 스캔해서 분석하면 다른 두 사람에게 따돌림당하는 대학생의 경우, 신체적 고통을 느낄 때와 흡사한 뇌의 부위가 활성화됨을 알 수 있습니다.

진짜 관계는 개인의 존엄함을 지켜준다

문제는 집단 안에서 소속의 욕구과 자율성의 욕구가 서로 부딪힐 때입니다. 즉, 집단의 이득과 개인의 이득이 부딪힐 때 집합주의 문화권에서는 집단의 이득을, 개인주의 문화권에서는 개인의 이득을 먼저 고려하라고 말합니다. 우리나라에서는 좋은 게 좋은 거라는 속설이 통용되지만, 서양에서는 함무라비 법전에 나와 있듯 '눈에는 눈, 이에는 이'라는 공식이 통용되는 것은 이런 이유 때문입니다. 개인의 이득과 자율성을 택한 B 씨와 K 씨의 행동은 아무나 할 수 있는 것이 아닙니다. 대다수의 사람들은 좋은 게 좋은 거라는 안전한 선택을 하기 때문입니다. 비합리적이고 부정적인 관계라도 익숙해지면 견딜 만하고 적응됩니다. 문제로 삼아 따진들 결과가 더 나아지리라는 보장도 없습니다. 그에 더해 그동안 쌓인 가족이나 직장에 대한 심리적인 의존성과 여러 현실적인 문제로 인해 타협하는 방식을 택하기 쉽습니다.

그러나 저는 B 씨와 K 씨의 선택을 적극 지지합니다. 그들은 나는 나이며 나로서 고유한 사람임을 포기하지 않았습니다. 또한 나의 일은 전적으로 내 책임임을 잘 알고 있습니다. 그들은 집단의 이익을 위해 나 자신을 포기하지 않았습니다. 타인과 무관한 나의 정체성을 이 세상 무엇보다도 중요하게 생각합니다. B 씨는 결국 가해자의 자진 퇴사를 이끌어냈습니다. K 씨는 부모를 만나지 않았고 아버지는 결국 돌아가셨습니다. 그리고 그 사실은 K 씨의 삶에 그 어떤 영향도 주지 않았습니다. B 씨는 가해자 C 씨가 빠진 성추행 없는 합리적인 공무원 세계에서, K 씨는 자신이 직접 선택하고 만든 새로운 가족인 남편과 자식과의 관계에서 인간의 기본적인 소속감의 욕구는 충분히 채워지고 있습니다. 소속감은 원초적인 인간의 기본 욕구이지만 어느 집단에 소속되어 있는가가 먼저 고민해야 할 문제라는 거지요. 어린 시절에 어쩔 수 없이 소속되었던 원가족을 제외하면 우리는 어디 집단에 속할지 자신이 결정할 수 있습니다. 앞으로도 B 씨와 K 씨가 독립적이고 자유로운 삶을 영위하길 응원합니다.

형식보다 본질에 충실해야
진짜 관계가 된다

대학에 다니는 20대 후반 P 씨는 엄마의 반복된 레퍼토리에 지겨워합니다. 부모님은 젊은 시절부터 부부싸움이 끊이지 않았고, P 씨는 어린 시절부터 그런 모습을 봐왔습니다. 고등학교에 입학할 무렵에는 아빠가 집을 나가 공식적으로 별거하게 되었습니다. 아빠는 여자 친구와 같이 살고 있고 엄마 또한 남자 친구가 따로 있습니다. P 씨는 가끔씩 아빠와 만나 식사를 하고 용돈을 받습니다. 서류에 도장만 안 찍었지 이혼한 것이나 마찬가지인 사이이지만 엄마 아빠는 사회적 지위와 체면 때문에 철저히 쇼윈도 부부로 살아가고 있습니다. 가족 경조사에 둘이 나란히 참석하는 등 쇼윈도 부부 시스템을 깰 생각도 없어 보입니다. P 씨의 어머니는 이를 가족을 위해 자신이 희생하는 것이라 생각하며 P 씨에게 자식들 때문에 내가 내 인생을 제대로 못 살고 있다며 부채감과 죄책감을 부여합니다.

P 씨는 청소년 시절과 20대 초반에는 자신의 인생을 자식들 때문에 희생하며 살고 있다는 엄마의 말을 그대로 받아들였습니다. 이제 나이가 들고 사회생활을 몇 년 해본 지금은 엄마의 그 말이 지긋지긋하기만 합니다. 지금은 엄마에게 자식에 대한 책임감 때문에 이혼을 못 한 것이 아니라 타인의 이목과 사회적 체면 때문에 용기가 없어서 이혼을 못 한 거라고 대꾸합니다. P 씨는 자신은 이혼한 부모가 있는 것에 별로 개의치 않으니 지금이라도 깔끔히 이혼해서 각자의 남자 친구, 여자 친구와 떳떳하게 만나고 각각 재혼도 알아서 하라고 따지기도 합니다. 아울러 자식들 때문에 자신의 인생을 희생했다는 말은 더 이상 듣고 싶지 않다고, 엄마에게 확실히 말하기도 했습니다.

겉으로만 진짜인 척하는 가짜 관계

P 씨의 사례는 우리 사회에서 흔히 볼 수 있는 모습입니다. 무늬만 가족, 친구, 연인 등 좋은 관계로 살아가는 사람들의 이야기지요. P 씨의 부모는 온전한 가정을 유지하고 있다는 자부심에 취

해 본질을 보지 못하는 사람들입니다. 이 가정에는 가정의 본질이 없습니다. 가족의 본질은 서로 결속되어 있으며, 우리 가정은 보호받을 수 있는 안전한 공간이며, 내가 가족 구성원으로서 당연히 사랑받는 느낌을 말합니다. 물론 때때로 싸우고 사소한 갈등도 겪으며 헤쳐 나가야 할 문제도 있습니다. 엄마의 잔소리와 간섭도 있고, 아빠의 통제도 존재합니다. 무엇보다 근본적으로 가족은 나의 정서적 울타리이며 혈연으로 맺어진 운명 공동체라는 느낌을 가질 수 있어야 합니다. 바로 이것이 본질에 충실한 진짜 관계입니다.

물론 조금 더 나아가 정서적 유대감과 가족 구성원의 자율성이 적당히 균형을 갖춘 가족이라면 더 바람직합니다. 가족 내부모 자식 간에, 형제 자매 간에 적당한 위계가 있는 가운데 가족 모두가 평등하고 자유로울 수 있는 균형감이 있으면 금상첨화겠지요. 그런 가족이라면 가족 내에 어떤 문제가 생겼을 때도 민주적인 의사소통이 가능하며 합리적으로 문제를 해결할 수 있을 겁니다. 문제가 전혀 없고 이상적인 가정을 꿈꾸는 것이 아닙니다. 발생한 문제를 자체적으로 해결할 수 있는 가족이 화목하고 건강한 가족입니다. 그런 가족을 본질에 충실한 가족이라고 합니다. 이 공식은 가족뿐만 아니라 모든 인간관계에 통합니다. 형식보다 본질에 충실해야 진짜 관계가 됩니다.

다양한 콘셉트의 관계가 인정받는 사회

사람들은 본질이 아닌 형식에 치우쳐서 내 인생이 아닌 가짜 인생을 살아가고 있습니다. 이런 경우는 흔합니다. 한국 사회에 존재하는 나이와 성별에 따른 콘셉트들은 가짜 관계를 유지하고 살아가도록 강요합니다. 그 예로, 미혼 남녀들에게는 결혼 적령기가 존재합니다. 결혼 적령기에 결혼하기 위해 사랑하지 않지만 적당히 나쁘지 않은 조건의 사람과 결혼하는 경우도 흔합니다. 그런데 결혼 적령기라 여기는 20대 중후반에서 30대 초중반 사이에 자신과 평생을 함께할 반려를 만난다는 보장은 없습니다. 기질과 성향에 따라 결혼 생활 자체가 맞지 않는 사람도 있습니다. 타인과 함께하는 생활보다 자유롭고 독립적인 생활이 적성이 잘 맞는 사람들이지요. 요새 그런 사람은 적극적 비혼주의를 선택하기도 합니다만, 여전히 남들의 입방아에 오르내리고는 합니다.

게다가 최근 들어 한국에서도 성소수자들이 다양한 삶의 방식을 공개하기 시작했습니다. 커밍아웃하면서 대놓고 결혼식도 올리고요. 어떤 유명 연예인은 결혼하지 않고 정자를 제공 받아 아이를 낳기도 했습니다. 미래에 혹시 자식을 갖고 싶어질 수도 있어 난자를 냉동해놓는 경우도 있지요. 형식만 중시하는 사회에서는 이렇게 다양한 콘셉트의 다양한 관계가 존재한다는 것을 인정하지 않습니다. 단지 사회가 인정한 정형화된 관계만이 절대선이라고 말합니다.

다양성을 인정하지 않는 사람들을 대할 때는 대충 형식적으로 응대하기 쉽습니다. "조금 있으면 결혼해야지요. 좋은 사람을 아직 못 만나서요"라고 상대방이 듣고 싶어하는 무난한 답을 들려주면서 그 자리를 마무리 짓습니다. 인간의 개별성을 이해하지 못하는 사람들에게는 무난하고 일반적인 답변으로 그 자리를 무마하는 것이 에너지를 아끼는 길이라는 것을 잘 알기 때문입니다.

내 인생이 선택한 진짜 관계,
남에게 보이기 위한 가짜 관계

형식을 중시하는 삶은 남의 시선을 우선시하는 삶입니다. 그런 삶에서는 거짓말만 늘어납니다. 외박을 허락하지 않는 부모에게 거짓말하기 위해 MT며 조별 과제며 열심히 머리를 굴립니다. 남자 친구와 여행을 가기 위해 아는 친구에게 부탁해 거짓말을 동참해줄 것을 요구합니다. 형식만 중요시하는 집안에서 흔히 일어나는 일들입니다.

물론 본질만 추구하고 형식을 무시할 순 없습니다. 남녀가 만나 동거하는 게 아니라 정식으로 결혼하는 것은 양가 식구들과 주변 지인들에게 내가 공식적으로 가정을 이룬 사람임을 알리는 중요한 절차이기 때문입니다. 피치 못할 사정으로 헤어지게 되었을 경우, 동거했을 때와 결혼했을 때 마음가짐의 무게감은 분명히 다릅니다. 그래서 형식도 중요합니다. 게다가 형식은 안전합니다. 별거를 하는 부부거나 쇼윈도 부부라 할지라도 각자의 역할과 책임은 일정 부분 감당하기 때문입니다. 적어도 생활비를 부담하며 기본적인 자녀 양육의 책임은 지고 있으니까요.

진짜 관계는 서로의 성장과 다양성을 응원한다

가장 좋은 것은 본질과 형식이 공존하는 것입니다. 그러나 둘 중 무엇이 중요하다고 묻는다면 당연히 본질입니다. 본질은 내가 필요해서 진정성 있게 맺은 진짜 관계이며, 형식은 겉으로 남에게 보이는 관계이기 때문입니다. 너와 나의 본질이 만나 관계를 맺어야만 진짜 관계가 됩니다. 진짜 관계는 서로가 서로를 들여다봐주고 서로의 세계를 존중하며 서로의 성장을 응원합니다.

세상은 변하고 있고 그 변화의 속도는 따라가기 벅찰 정도로 빠릅니다. 너무나 많은 정보가 쏟아져 나오고 그 안에서 무엇을 선택해야 할지 결정하는 것이 버겁습니다. 남들이 마련해놓은 선택지 중 하나를 안전하게 고르고 싶은 유혹에 빠집니다. 그러나 그것은 타인의 인생일 뿐, 나라는 사람이 가진 다양성을 인정하지 않습니다. 내 인생만큼은 타인의 답을 거부하고 나만의 주관식 답안을 선택하는 용기와 지혜를 가져야 합니다.

인간관계도 마찬가지입니다. 내가 어떤 사람인지 잘 알고 타인과 진정한 관계를 맺고자 노력하는 사람만이 주관식 답안지에 나의 인생을 서술할 수 있습니다. 물론 언제나 실수와 실패가 따릅니다. 그러나 그 실수와 실패조차 나의 경험으로, 나 자신의 일부로 통합됩니다. 우리는 실수와 실패를 하지 않는 인생을 위해 사는 것이 아닙니다. 실수나 실패에 굴하지 않고 다시 일어나는 방법을 배우기 위해 사는 존재, 생존이 아닌 성장을 추구하며 사는 존재이기 때문입니다.

이 책을 읽은 독자분들이 인생의 여정에서 많은 사람들을 만나고 상처받고 다시 일어나면서 가슴 벅찬 경험을 하시기를 바랍니다. 너와 내가 만나는 진짜 관계는 각자의 주관식 답안지를 빼곡히 채우면서 서로의 인생을 의미 있게 만들어줄 것입니다. 독자분들의 성장과 행복을 기원합니다.

아무리 잘해줘도 당신 곁에 남지 않는다

초판 1쇄 발행 2024년 4월 11일
초판 4쇄 발행 2024년 7월 8일

지은이 전미경
펴낸이 최순영

출판1 본부장 한수미
라이프 팀
편집 김소정
디자인 윤정아
표지 그림 윤선영

펴낸곳 ㈜위즈덤하우스 **출판등록** 2000년 5월 23일 제13-1071호
주소 서울특별시 마포구 양화로 19 합정오피스빌딩 17층
전화 02) 2179-5600 **홈페이지** www.wisdomhouse.co.kr

ⓒ 전미경, 2024

ISBN 979-11-7171-183-3 03180